Rudolf Doernach
Gerhard Heid

Das Naturhaus

Rudolf Doernach
Gerhard Heid

Das Naturhaus

Wege zur Naturstadt

Vorwort von
Friedensreich Hundertwasser

Wolfgang Krüger Verlag

Fotos, wenn nicht anders vermerkt, von R. Doernach/G. Heid
Umschlaggestaltung: Manfred Walch, Neu-Isenburg
Umschlagfoto: Karl-Dietrich Bühler
Lektorat: Bruno Back
Gestaltung: Hans-Heinrich Ruta
Lithografie: Industriedienst Reproduktion, Wiesbaden
Satz: Weihrauch, Würzburg
Druck und Verarbeitung: Georg Appl, Wemding
Printed in Germany, 1982
ISBN 3-8105-0420-3

Inhalt

Widmung

Dieses Buch über den treuesten Freund des Menschen, die Pflanze, sei all denen gewidmet, die schon immer mit Grünfassaden sanfte Energie gewonnen haben, und all denen, die in Zukunft aus ihrem Haus ein Stück »Naturhaus« machen wollen.

Dem mutigsten aller Biotekten, dem Schweizer Hans Schärer, der mit seinen Schafen in einem »eßbaren« Strohhaufen-Brombeer-Brennessel-Nullkosten-Nullenergie-Haus wohnt, sei an dieser Stelle für viele Anregungen gedankt.

Schließlich: Dank auch unseren Freunden, die mit preiswerter Duldsamkeit darüber schmunzeln, daß wir eine Zukunft mit Vergangenheit suchen.

Wildberg/Darmstadt, Frühjahr 1982
Rudolf Doernach/Gerhard Heid

Wir sind Gast der Natur

Es ist mir eine große Freude, für dieses Buch ein Vorwort schreiben zu dürfen, unter anderem aus Revanche, denn Wien mußte letztes Jahr erleben, daß einem Bürger der Prozeß gemacht wurde, weil seine Mauerkatze aus einem Blumentopf im 7. Stock eines Wohnsilos auf die Außenwand kletterte. Meine Fürsprache sowie die der Hausbewohner und der Presse haben nicht genügt, um dieses gemeingefährlichen Unverstandes Herr zu werden.

Ein Exekutionskommando, 8 Mann stark, bestehend aus Gerichtsvollstrecker, Vertreter der Genossenschaft, Rechtsanwalt, Bauunternehmer und 4 Arbeitern, hat in einer Morgengrauenaktion von einem unteren Balkon aus mit einer Leiter sich an die Pflanze herangemacht und am 17. Juni 1980 um 6 Uhr früh das anti-ökologische Gerichtsurteil vollstreckt.

Alle großen Weltreiche gingen zugrunde, nachdem sie den Vegetations- und Baumbestand vernichtet hatten. Das Reich Alexanders, Karthago, Griechenland, Rom, Spanien, China, Venedig, England gingen zugrunde auf der Suche nach Gold, Landgier, Prunk und Luxus durch Abholzen der Wälder für Armadas, Fußbodenheizung, Stadtpfähle, durch Schafe und Kriegführerei.

Wir brauchen Schönheitshindernisse. Schönheitshindernisse sind unreglementierte Unregelmäßigkeiten. Spontanvegetation wie auch die Mauerbegrünung sind solche Schönheitshindernisse.

Wir sind Gast der Natur und müssen uns dementsprechend benehmen und der Natur wieder zu ihrem Recht verhelfen.

Wir müssen einen Friedenspakt mit der Natur schließen und ihr die Territorien zurückgeben, die wir uns widerrechtlich angeeignet haben.

Die größten Nutznießer dieser Einsicht sind wir selbst.

Wien, am 29. Mai 1981

Regentag Friedensreich Hundertwasser

Lebensqualität durch Pflanzenfassaden

Natur als Logik von Haus und Stadt • Häuser, die Energie wandeln und bewahren
Pflanzenfassaden • Systematik der Wohnumfeld-Verbesserung • Kriterien-Checkliste für vertikale Grünsysteme • Variationen der Pflanzenfassaden • Pflanzen und Rankträger
Selbstbau-Balkon • Varianten von Fassadengrün • Varianten von Rankträgern • Befestigungsprinzipien von Rankträgern • Kombinierbarkeit von Polykulturen • Empfehlungen für Grünfassaden • Winterharte Efeusorten • Wie man selbst Efeu »ziehen« kann • Bewährte Rank- und Kletterpflanzen

Natur als Logik von Haus und Stadt

Nun hat die arbeitsteilige Gesellschaft »ihre« autogerechte Stadt, aber sie ist nicht mehr menschengerecht, nicht mehr pflanzengerecht. Nackte Technik, als Scheinlogik der Stadt, hat sich als irrational-untaugliches Prinzip erwiesen, weil alle Technik eben *immer* auf Pflanzen, Tiere, Menschen und Naturkreisläufe gründet.

Wenn das »Fundament« Natursystem fehlt, kann die technische Stadt auch nicht menschengerecht sein. Natur ist letztlich *nirgendwo* entbehrlich. Automation, die den naturgebundenen Menschen von Natur »befreien« will, ist menschenfeindlich. Das ist die Utopie der Technik: Ablösung von Naturbindung zugunsten von Automatenbindung.

Viele gutwillige Planer steuern heute weg von dieser Illusion. Das Techniksystem der Stadt soll gemildert werden: Verkehrsberuhigte Zonen, Lärmschutz, Emmissionsschutz u. ä. sind in der Diskussion und Ausführung. Aber ist damit das Problem an der Wurzel angepackt? Gibt es fröhliche Menschen auf den Straßen? Und nicht viele jugendliche Radfahrer, die von Verkehrsunfällen mit Milliardenschäden betroffen sind?

So sieht das ein kritischer Stadtplaner: »Wenn natürlicher, einfacher Verkehr, Verkehr ohne Störungen, Schäden, Hilfskonstruktionen nicht ausreicht, ist eine Stadt falsch. Wenn die Stadt falsch ist, werden bald auch die Menschen falsch. Wenn die Menschen falsch sind, wird stets alles ›ver-kehrter‹.«

Ist dies auch Ursache für die Anarchie, die heute in vielen Städten haust? Ist die monotone Wüste von Baumasse aus nicht-lebenden Stoffen für den Menschen so unerträglich, daß gerade die Sensibelsten gestört reagieren? Sind die »Gestörten« die eigentlich Gesunden?

Wenn Technik *allein* nicht die Logik einer Stadt ausmachen kann, was dann? Ist Natur die wesentliche Logik einer Stadt? Liegt die *wirkliche* Erneuerungschance unserer Städte in einem bio-logischen Natursystem?

Können wir aus Technikstädten wieder Naturstädte entwickeln? Dieser Weg scheint gangbar: Wir sollten die Häuser unserer Stadt als Pflanzenträger betrachten, in denen wir selbst *auch* wohnen, Pflanzenträger, die mit vielen verschiedenen Pflanzen berankt sind, Pflanzen die aus dem »Wohntopf« heraus sogar Humus geliefert bekommen.

Wir brauchen – soviel wie irgend möglich – Pflanzen in der Stadt, die Sauerstoff produzieren und zur natürlichen Klimatisierung *selbst* lebendes Wasser speichern. Damit kann jeder nächstes Frühjahr beginnen, dazu brauchen wir keine Grünbehörde, keine Grünforschung, dazu genügen unsere Wände, Hände, unser Kopf und ein wenig Zivilcourage, weil Pflanzen nämlich in der Regel unsere Häuser nicht schädigen, sondern eher schützen und dazu viele weitere Leistungen bringen.

Damit packen wir die Grundprobleme der lebensfeindlichen Technikstadt wirklich an der *Wurzel*. Das Wachsen von Grünpelzen, von blühenden Overalls an unseren Häusern, ist eine wichtige Ergänzung zur Verkehrsberuhigung, Lärmschutz und anderem. Eine Stadt mit vielen Grünpelzen wird der Quell von *mehr* Mut in die biologische Richtung sein. Mehr Natur als *Logik* der Stadt, die das technische System überlagert, ihm hilft, es teilweise entbehrlich macht, das ist *die* große Hoffnung, die uns bleibt.

Die Naturstadt als »Ur-Laube« ist kein Traum, sondern sofort machbare, gärtnerische Realität. Utopie ist es jedoch anzunehmen, daß wir die Probleme der nackten Technikstadt *ohne* Zuhilfenahme von Natur mit Bürokratie und Polizei bewältigen können.

Die *wirklichen* Utopisten sind die harten Technokraten, sie sollten sich zu ihrem Vorteil von den »weichen« Biosophen helfen lassen: Aus dem Niemandsland (griech.: »Utopia«) heutiger Städte wieder grünes Jedermannsland zu machen.

Auch die Stadtplaner können Verbündete finden. Verkehrsberuhigung kann man erst wirklich durchsetzen und nützlich machen, wenn die Häuser Grünpelze bekommen und die Straßen teilweise überwachsen werden. Mit ein paar Kübelpflanzen in verkehrsberuhigten Zonen stellt man bestenfalls Aschenbecher für Rowdies auf. Mit klug gepflegten, blühenden und früchtetragenden Rankern und Kletterern, die bodenschlüssig oder aus Hochbehältern vor Spalieren wachsen, wird Lebensfreude einkehren, Zeitgenossen werden sich wieder grüßen, ihre Schaufensteraugen können sich entspannen: »Ur-Laube« zu Hause, im Stadtdorf, in der eigenen Stadt.

Die vielen Häuser einer Stadt bieten eine Fläche, die begrünt werden kann. Wir erfahren, daß die Stadt wie ein Hopfengarten aussehen und wie eine permanente Sauerstoffdusche wirken kann. Ein Paradies? Sicher, wenn Paradies keine Hölle sein soll, in der Arbeit verpönt ist. Denn ohne Liebe und etwas Pflege geht das natürlich nicht, auch nicht per »Grünfirma«, Hausmeister oder Professionalismus. Der *einzelne*, der Liebhaber ist gefordert. Solch ein Jedermannsparadies braucht eben die Grundeinstellung zur Selbstversorgung, Lebensqualität, die Abkehr von der Fremdversorgung.

Wie schnell können wir zur Naturstadt und zu früchtetragenden Naturhäusern kommen?

Hier wird es viele Überraschungen geben. Das gärtnerische Können und die Phantasie von vielen wird wetteifern um den farbigsten Pflanzen-Overall, um den wildesten aller Ranker, um eine Vielfalt von Früchten am Haus. Einer wird die schnelle, immergrüne Brombeere vorziehen und im »Unterholz« ein winterhartes, langsames Efeu nachziehen. Ein anderer liebt die großen Schlappohren der Trompetenwinde und läßt sich den schönsten, lebenden Hauseingang der ganzen Straße wachsen. Und wieder ein anderer kultiviert in wenigen Jahren hinter seinem Haus eine herrliche Sitzlaube, um sich abends vor Neugier und Altgier zu schützen. Und welcher Stadtrat würde schließlich nicht einsehen, daß eine große, *lebende* Stadt-Ur-Laube als Festhalle die übliche Folgekosten-Stadthalle buchstäblich in den Schatten stellt, zudem vergleichsweise wenig kostet: ein blühender, freundlicher Begegnungsort für Junge und junge Alte.

Natur als Bio-Logik von Haus und Stadt, Naturstadt, das ist ein Weg, die Probleme in unseren Städten zu lösen. Einige Städte haben bereits damit begonnen, Naturstadt wächst bereits. Die Aufwertung unserer Technikstädte in Naturstädte wird vielen Jungen befriedigende Arbeit bringen, *sinnvolle* Arbeit im Kreislauf des Lebendigen. Das CO_2 vom Auspuff der Autos wird zu Pflanzenfutter, *dort wo es entsteht.* Warum hatten wir das nicht schon längst erkannt? Warum haben wir einäugig-einbeinig nur der Technik vertraut und Natur vor die Tore der Stadt verbannt – weltweit? Wußten wir nicht, daß dort, wo die Straße aufhört, das Leben anfängt?

Bestellen wir also vom Fließband der »Firma Natur« unsere Millionen von lebenden Sonnenkollektor-Pflanzenblättern für *unsere* Naturhäuser, die in München anders als in Hamburg aussehen sollen, ihren *eigenen* Charakter zeigen sollen, ihre eigene Kultur (»cultura«, lat. Landbau).

Nicht Technik-Städte sind in Zukunft Wiege von Kultur, sondern lebende Städte, in denen unsere wichtigsten Lebenspartner, die Pflanzen, wesentlich sind.

Die Bio-Logik der Naturstadt. Pflanze, Tier und Mensch sind *untrennbarer* Bio-Bund: Die Teilheit lebt immer von der Ganzheit, von den Kreisläufen des Lebendigen, von den Stätten des Natürlichen. Tiere und Pflanzen sind in der Naturstadt unentbehrliche Helfer, sind durch Maschinen nie ersetzbar. Wenn eine Teilheit fehlt, wird die Ganzheit krank. Wenn es in der Stadt zu wenig Pflanzen gibt, wird das Klima für den Menschen zum Problem. Wenn aus Reststoff-Abfällen der Stadt kein Biokompost entsteht, fehlt das Substrat für die Pflanzen. Wenn wegen Platzmangel Tiere fehlen, wachsen Kinder in degenerative Ersatzwelten. Exotische Zimmerpflanzen und Meerschweinchen lösen das kulturelle und städtische Klimaproblem nicht. Zebras im Zoo sind Tierquälerei. Wir erfahren heute hautnah, daß beinahe *alle* Technik der Bio-Logik zuwiderläuft.

Wenn die *ganze* Klimahülle einer Stadt verdorben ist, nützt auch das örtliche Umrühren von Luft mit Klimageräten wenig, bringt nichts als gesteigerten Energieverbrauch und damit *noch mehr* Belastung. Wir fühlen und wissen heute:

Ein *bestimmtes* Klima trägt eine *bestimmte* Familie von Pflanzen, also *lebende* Sonnenkollektoren.

Eine *bestimmte* Familie von Pflanzen wiederum trägt in ihrem jährlichen Zyklus eine *bestimmte* Anzahl von Tieren und Menschen.

Leben entsteht und hält sich nur im fließenden Ungleichgewicht von Klima und Lebenspartnern. Techniker wollen, beispielsweise mit Heizung, ein Gleichklima von 20 °C erzeugen, ein Gefälligkeitsklima unserer Klimazonen. Aber gerade *das* macht den Menschen unserer Klimabereiche krank und anfällig. Was alle Lebewesen brauchen, sind Reizklimata, fließendes Ungleichgewicht von Klima, Klimawechsel. *Darauf* ist alles Leben »programmiert«, das ist das Urprogramm, dem beinanahe alle Technik zuwiderläuft. Deswegen haben wir keine Naturstädte, keine »Arche Bio« als Haus und Stadt, sondern »Arche Titanic« – nicht nur in Chicago, Moskau, Hongkong, Liverpool, Berlin …

Das Meer ausschöpfen? Schlimmes steht an: Die Techniker wollen das »Meer ausschöpfen, um die Titanic zu retten«. In der Stadtsanierung rangieren heute nicht-lebende, biologisch inaktive Baustoffe vor Pflanzen, also lebenden Klimapartnern, die *ohne* schädliche Fremdenergie für uns arbeiten könnten. Wasser – Blut der Naturstadt – wird nutzlos in die Kanalisation gejagt, das »Meer wird leergepumpt, um die Titanic zu retten«.

Technisches Fehlwissen der Konstrukteure – Politiker und Operateure-Manager führt in eine Dauerkrise. Diese Krise ist nicht eigentlich Energiekrise, sondern eine Bio-Krise. Die Jungen spüren das noch. Viele schöpferische Kräfte entwickeln schon lange auf vielen Ebenen wieder natürliche, selbstregelnde Systeme, die sich wie Bio-Inseln mitten in den technischen Fehlsystemen entwickeln. Das sind die Keimzellen zukünftiger Naturstädte, die in ihrer biologischen Wirkungsweise dem früchtetragenden Mischkulturwald recht ähnlich sein werden, also lebendige Umwelt.

Eine zukünftige biologische Gesellschaft wird diese Naturstadt »Biopolis« wie ein »planetarisches Lebewesen« schützen und pflegen. Die »Teilheit« Mensch mit ihren 60 Milliarden Einzelzellen in *jedem* Individuum wird sich diese Ganzheit »Naturstadt« nicht untertan machen wollen, sondern deren Vielfalt und Reizklima nur fördern oder steigern: Ein echtes »Vorwärts zur Natur«, keine konservative Flucht in alte Strukturen.

Ökologisches und biologisches Bauen: Biologische Architektur – Biotektur. Das stupide Wegschwemmen von Abfällen, die Nicht-Verwertung von Reststoffen, gar deren »Deponieren« in Wasser, Erde und Luft, wird bei heutigen Siedlungsdichten in so hohem Maße gefährlich, daß wir von einem planetaren Umweltkrieg des Menschen gegen *seine* Natur sprechen müssen.

Der 3. Weltkrieg könnte ein Abfallkrieg werden. Er zerstört unsere Wälder, das Grundwasser, die Thermohülle dieses Planeten, die Lebensbasis der kommenden Generationen. Ökologisches und biologisches Bauen zeigt deswegen, wie man *heute* ohne die zusammenbrechenden und teuren Versorgungsnetze des »Großen Bruders«, auch *ohne dessen Forschung, selbst* Kreisläufe in die Hand nehmen kann, wie man einen Biokomposter ohne Wasser und Gerüche betreibt, wie man Regenwasser filtriert, Trinkwasser aus Pflanzen gewinnt, wie man bestehende Bausubstanz *selbst* bio-logisch erneuern kann: mit Dachgewächshäusern, Sonnenkollektorhäusern, wie man Wärmeverluste, übermäßige Zuwärme mit biologischer Isolierung mindern kann, wie man mit vernünftiger Lebensweise und Kleidung so viel Energie sparen kann, daß man – wie von selbst – in die Nähe von biologischem Reizklima gelangt.

Dann leben wir nicht vor Bildschirmen in superisolierten Häusern, Büros und Fabriken und betrachten aus unsicherer Entfernung den Untergang der vielen »Titanic'«, sondern entwickeln aus uns selbst heraus dynamische Umwelten, die uns sinnvolle, *vor allem* gärtnerische Selbstversorgerarbeit bescheren, die lehren, mit wenig auszukommen, aus vielen Reststoffen wieder Rohstoffe zu machen. Letztlich wird *solche* Umwelt nicht dadurch entstehen, daß zuerst ein »Holzhaus« gebaut wird, in diesem »Holzhaus« dann ein zweites, daß schließlich mit totem Material der Zwischenraum ausgegossen wird und die *beiden* Schalungs-Holzhäuser herausgerissen und fortgeworfen werden. Intelligentes Bauen von heute?

Beim ökologischen – biologischen – biotektonischen Bauen der Zukunft wird »tote Technik« durch lebende, *produktive* Kreisläufe ersetzt, tote Technik wird minimiert, lebende wird maximiert. Man wird lieber Bäume pflanzen als Bäume umhacken und mit 50% Verlust zersägen. In diesem Land wird schon etwa 50% Holz importiert, wir brauchen jeden *lebenden* Baum, um selbst zu überleben. Der Kalkhaushalt im Schwarzwald ist schon verheert, es werden dort nur noch 4 Generationen Fichten wachsen können.

Deshalb *müssen* wir – nach einiger weiterer Entwicklungszeit – schließlich lebende Häuser pflanzen. Das klingt *heute* naiv. Wer wird so lange auf sein Haus warten wollen? Dabei warten wir heute auf jedes Brett aus dem Sägewerk schon 100 Jahre. Viele geistig Junge erkennen: Es ist nicht verrückt, Häuser wachsen zu lassen, es ist verrückt, auf der »Titanic« zu bleiben.

Lebendbauten und Grünbauten statt Steinöde. Leben hält sich immer nur in »unordentlicher Ordnung«. Ein »ordentlicher« Baum braucht die »unordentliche« Vielfalt von Humus mit Milliarden von Kleinlebewesen in einem einzigen Kubikzentimeter. Ein »ordentlicher« Professor leistet nichts »Außerordentliches« und ein »außerordentlicher« Professor leistet nichts Ordentliches. *Allein* die Bioversität der Natur leistet *beides*, gleichzeitig, am gleichen Ort. Sie ist ein integriertes System.

Deswegen ist die Natur *selbst* der denkbar beste Lehrer, deswegen sind in der zukünftigen Naturstadt Lebendbauten und Grünbauten *selbst* die besten Lehrmeister für all unsere Lebensorgane, Sinne und Erfahrungen. Wegen Mangel an natürlicher Vielfalt veröden heute viele Kinder in den Stadtwüsten, sie verwöhnen beim Verwohnen, bei vielen wehrt sich der Instinkt. Deswegen sind heute viele Jugendliche unwillens, weiterhin an der »Arche Titanic« Löcher zu stopfen – auch nicht unter Anleitung von »Sozialingenieuren«. Warum verschwenden wir heute die ganze Vitalität einer jungen Generation in 20 Sitzschuljahren? Warum verhindern die Älteren den Aufbruch in eine biologische Gesellschaft? Viele Junge wollen nicht mehr, an der Krawatte hängend, ihr Leben an Bildschirme verschwenden. Die Schuld für die selbstzerstörerische Industrie-Religion sollte man nicht mehr an der Ladenkasse suchen, die ist leer. Schuld sollten wir vor allem bei den heutigen Teil-Wissenschaften suchen, denn sie haben zumindest nicht verhindert, daß in 100 Jahren über 100% mehr Wüste zustande kamen – auch in Form von Städten und Autobahnen.

Verwaltungsgebäude in Berlin. Wilder Wein. Direktbewuchs.

Wilder Wein und Clematis. Wohnhaus in der Basler Innenstadt, nahe bei der Pauliskirche.

Sollen wir uns weiter mit der Analyse, mit der Entstehungsgeschichte aufhalten, die wahrscheinlich religiöse Wurzeln hat, also tabuisiert ist? Beginnen wir lieber gleich *heute* mit dem Sinnvolleren. Lassen wir Naturstädte wachsen, beginnen wir mit unserem eigenen Haus, unserer eigenen »Arche Bio«, auch wenn wir da nur Mieter der Natur sind.

Stadtklima heute und die alternative Pflanzenstadt. Die Städte waren noch nie so groß und dicht wie heute. Pflanzenleben jeder Art ist heute durch nicht-lebende Bauten und Straßen beinahe vollkommen verdrängt. Wasserflächen sind selten und »lästig für den Verkehr«. Milliarden von Tonnen Baumaterial müssen herangekarrt, aufgebaut und wieder abgebaut werden. Der Verkehr allein dafür erzeugt riesige Mengen Staub und Abgase, belastet die Atemluft.

Im Winter speichern die Gebäudemassen viel Kälte und im Sommer die Hitze. So entsteht über jeder Stadt eine träge Dunstglocke, das notwendige Reizklima fehlt fast vollständig. Soll gute Luft und gutes Wasser über Hunderte von Kilometern per Pipeline in unsere Städte gepumpt gepumpt werden, »gepumpte« Luft, deren biologische Qualität dann, wie Leitungswasser, ebenfalls fragwürdig geworden ist?

Ist es vertretbar, daß Menschen in *solcher* Umwelt elf Monate arbeiten, nur um dann im Geld-Schein-Urlaub davor zu flüchten? Warum lassen wir das »Ur-Laub« nicht gleich in der Stadt wachsen:

- an Fassaden
- auf Dächern
- auf Balkonen
- in Höfen
- ... überall?

Die Pflanze ist der beste Freund des Menschen, jede Sekunde brauchen wir ihren Sauerstoff, in den sie unsere Abgase umwandeln kann.

Für eine menschenfreundliche Stadt braucht man dreierlei:

- Pflanzen in Gärten
- Pflanzen – Bäume
- Pflanzen, die Häuser beranken und beklettern.

»Verkehr« = Verkehrt? »Urlaub« = Ur-Laube? Sagen diese Wörter beim Nachdenken nicht viel mehr über sich selbst aus?

Pflanzen im Haus, Pflanzen am Haus und Pflanzen als Haus. Wir sind als Städter zum Umgang mit Zimmer-Pflanzen »verwohnt«, sie sind dekoratives Relikt, trügerischer Ersatz für den verlorenen Bauernhof. Aber gelegentlich hören wir von sensiblen Menschen, die mit ihren Pflanzen sprechen. Wir hören von Pflanzen, die krank werden, wenn man sie verläßt. Und schließlich gibt es die bewiesenen »Märchen« der Telekommunikation zwischen Pflanzen und Menschen. Eine Renaissance der Freundschaften zwischen Menschen und Pflanzen ist gelungen: Speisepilz-Kulturen im Haus sind keine Seltenheit mehr. Balkon-Kulturen von wenigen Quadratmetern produzieren eine erstaunliche Menge Gemüse für ihre Heger und Pfleger. Dachgärten-Biotope mit Wohnlauben sind in der Planung, auch Dachgewächshäuser auf Altbauten, wo also die unten verlorengegangene Wiese *oben* wiedergewonnen wird. Und in der Zukunft wird es noch Schöneres geben: Dachparadiese mit Fischbecken und Bienenwohnungen, Brieftauben, die auf Futtersuche fliegen und Bio-Dünger heimbringen.

Eine uralte Kultur – die der Fassadenpflanzen – erlebt zur Zeit eine Wiedergeburt, nachdem es gelungen ist zu beweisen, daß Bauschäden selten durch Begrünung verursacht werden, daß Pflanzenteppiche Gebäude eher schützen und dem Besitzer-Nutzer sogar Renovierungskosten sparen, daß solche grünen »Overalls« im Sommer kühlen, im Winter Energie sparen, Schall schlukken und Staub aus der Atemluft fangen – um an

Wohnburg in Montreal, könnte ohne großen Aufwand mit einem immergrünen Pflanzenpelz überzogen werden.

dieser Stelle nur einige der vielen Wohltaten zu nennen, mit denen Pflanzenfreundschaft belohnt wird.

Studentenwohnheim in Hannover. Wo ein Wille ist, ist auch ein Gebüsch.

Lebende Grünkleider statt Verkleidung. Lebende »Grünkleider« für Bauten wachsen von selbst und leisten Positives. Die Anschaffungskosten für eine Polykultur von Pflanzen auf einem dauerhaften Rankträger betragen höchstens DM 50,–/m^2, bei Selbstbau wahrscheinlich erheblich weniger.

Für diese Summe bekommt man heute keine technische *Ver*kleidung, schon gar keine, die Sauerstoff produziert, Früchte trägt und Freude bereitet – auch Freude bei der Pflege, beim Kompostmachen aus Blattfall. Singvögel, die während der Brutzeit täglich bis zu 1000 Insekten verzehren, können in einem guten Grünpelz nisten und damit auch helfen, Gemüse schadfrei zu halten, Gemüse, das mit *natürlichem* Dünger aus Blattfall-Kompost gedüngt werden kann, damit ohne Salzdünger auskommt und so das Grundwasser nicht belastet.

Naturerlebnisse und sinnliche Erfahrungen. Schulen haben heute *deswegen* einen so niedrigen Wirkungsgrad und hohen Streß, weil Kopf und Hand, Sinne und Erfahrungen nicht im Bio-Verbund lernen. »Teilheiten« des *sitzenden* Menschen werden überstreßt, die »Gesamtheit« erfährt deswegen wenig, wird nervös. Er-fahrung kann man eben nicht er-sitzen.

Bio-logisch ist der Mensch, das Tier und die Pflanze auf die jahreszeitlich-zyklisch wechselnde Nutzung seiner Sinne und Organe angewiesen, ohne technische Hilfsmittel und Ersatzmittel dazwischen. So hat der Kreislauf des Lebendigen sich seit Jahrmillionen entwickelt. Wenn auch nur *eines* unserer Überlebensorgane unterbeansprucht oder überbeansprucht wird, leidet der *ganze* Mensch, damit auch die Mitmenschen, damit auch die Mitpflanzen – alles.

In der Naturstadt werden echte Naturerlebnisse und sinnliche Bio-Verbunderfahrung wieder aktiviert. Es gibt dort Bio-Musik von Vögeln, die jahreszeitlichen Farbsprachen der Pflanzen zeigen an, was abläuft, sind Bio-Meßgeräte. Düfte, Blüten, Früchte ..., befruchtende Insekten, Vogel-Kontrolleure deuten an, wo der Mensch vielleicht eingreifen, helfen und Ausgleich schaffen sollte, wo er Nahrung findet.

Wird all das erst unter Zwang wiederkommen, wenn *vollends* alle biologische Qualität zugunsten von Quantität aus den Regalen der Supermärkte verschwunden ist? Oder gibt es Ahnungsvolle, die jetzt schon eine »Arche Bio« um ihr Haus wachsen lassen, um dann gelassen die Botschaft von der »Titanic« zu erwarten?

Man kann heute sicher sagen: Es gibt schon sehr viele, die sich Schritt für Schritt ihr persönliches kleines Stück Naturhaus wachsen lassen, als Paradiesgärten, als größer werdende Insel, als Modell ...

Wenn Wasser der Lebenssaft von Biotektur ist, dann ist das bißchen Glück auf solchen Bio-Inseln vielleicht die »Seele« einer zukünftigen biologischen Gesellschaft. (»Seele« etymologisch: »die aus dem Wasser stammende«, schwäbisch »See-le«: Verkleinerungsform von See).

Wasser ist das Blut von Naturhaus und Naturstadt. Zu 66% besteht alles Lebendige aus Wasser: Pflanzen, Tiere und Menschen, ihre Milliarden von biologischen Zellkraftwerken brauchen *ein* Transportmedium nötiger als alles andere: Wasser. Die zukünftige Naturstadt kann Regenwasser nicht an rattenbewohnte Gullies verschwenden, sondern *muß* es lebendig speichern, in Pflanzen speichern. Pflanzen säubern dabei ihr »Lebenswasser«, entnehmen für ihren eigenen Bedarf Mineralien und sorgen dafür, daß das gespeicherte Wasser zur *richtigen* Zeit genutzt wird, beispielsweise im Sommer zur Kühlung, u.a. zur Verdauung von Kohlendioxid unter Abspal-

Begrünung einer Unterführung, geplant durch das Tiefbauamt einer deutschen Großstadt. Eine Pioniertat? Besser als nichts?

tung von Sauerstoff. Pflanzen *wissen* automatisch, wann und wie sie solche Leistungen für sich selbst *und* ihre Lebenspartner, die Menschen, erbringen müssen. Wasser muß in der Naturstadt wieder vielfältige, *oberirdische* Wege und Rinnsale finden, Biotop für viele Tierarten sein, die nicht aussterben dürfen. Denn jede Tierart hat ihren eigenen Nutzen, auch die Wespe.

Wasser-Biotope, mit Binsen, Schilf und Sumpfschwert bewachsen, können zu geruchsfreien, vollbiologischen Kläranlagen in der Naturstadt werden und dazuhin *auch* noch Biomasse erzeugen, sie können *vielfach* wirtschaftlicher sein als technische Anlagen gleicher Kapazität: Die alte Forschungsfirma Natur kann's immer besser. Wasser ist auch wichtiges Medium, um antizyklisch Sonnenenergie zu speichern, sogar vom Sommer in den Winter. Große Seen wie der Bodensee sind Beispiel dafür. Was im großen Maßstab wirkt, läßt sich bedingt auch auf Kleinsysteme übertragen.

Energie-Ernte (im Sommer ernten, im Winter verbrauchen) ist auch heute noch immer am wirtschaftlichsten mit Wasser möglich. Von allen Stoffen, schwere Gesteine eingeschlossen, kann Wasser am meisten Energie konservieren. Wer Wasser als *den* Baustoff und Ursprung allen Lebens aus der Stadt verbannt, bewirkt letztlich tote Umwelt. Tote Umwelt kann aber lebende Systeme nicht tragen. Lebende Systeme, wie der Mensch, können *langfristig* nur in ebenfalls lebenden Systemen überleben.

Pflanzen, Tiere und Mensch: Bio-Bund. Der letzte im Bund, der Mensch, ist auch der Gefährdetste. Pflanzen und Tiere können sehr wohl *ohne* den Menschen auskommen. Vorstellbar ist auch eine dann allerdings recht begrenzte Pflanzenwelt *ohne* Tiere. (Wahrscheinlich mindestens 50% weniger Pflanzenarten!)

Viele Pflanzen brauchen bestimmte Tiere *und* Mikro-Organismen zur Nahrungsumwandlung im Humus oder an der Wurzel und zur Befruchtung. Viele Pflanzen werden allerdings auch durch Wind befruchtet oder haben »Segelsamen«, der neue Standorte anfliegen kann. Die Familie der Pflanzen braucht also den »Partner Tier« in vielfältiger Form, um sich zu bewegen, um der nächsten Generation einen Standort zu sichern. Tiere sind »Lebewesen mit beweglichen Wurzeln«, den Pflanzen also nicht nur über Nahrungsgewinn eng verbunden. Besonders Vögel tragen Pflanzensamen weit weg in andere Partnerschaften von Pflanzen, die einander beschützen, beschatten, ernähren, buchstäblich in Freundschaft zusammenleben, echt aufeinander angewiesen sind.

Tiere sind also *auch* Heger, Pfleger, Ärzte und Kontrolleure für Pflanzen. Für bestimmte Käfersorten, die bestimmten Pflanzen auf den Leib rücken, gibt es oft auch bestimmte Vogelarten, die regulierend eingreifen: Das Natursystem ist selbstregulierend, ohne Chef, ohne Politiker, ohne Manager. Hat der überhebliche Mensch, die »Krone der Schöpfung«, während der letzten Jahrzehnte in der »Bioversität« den Unterricht geschwänzt?

Von der Rolle der Tiere als Pflanzenfreunde her ist wohl auch die Ur-Rolle des Menschen zu begreifen: Heger, Pfleger, Schützer, für Ausgleich Sorgetragender ... nicht etwa *nur* Holzhacker, Brandroder, Störenfried, Parasit, Ausbeuter ... also einer, der nur nimmt und nicht gibt.

Nehmen *und* Geben, das ist im Bio-Bund des Natursystems Grundgesetz. Alles hängt von allem anderen ab, nichts ist umsonst, nichts verschwindet, alles hat seinen Sinn. Die »Teilheit« kann nicht Ganzheit werden, sie durchdringen oder gar manipulieren. (Staatlich geförderte Gen-Manipulation, also Eingriff in die Entwicklungsgeschichte, bedarf grundlegender Diskussion, um die möglichen Schadfolgen abzuschätzen!)

Wilder Wein im ehemaligen Straßburger »Cour de Corbeau« (Foto: Albrecht, 1980).

Grünbau ohne Baugenehmigung: Mut zum Handeln. Ein junger Imker im Badischen erhielt keine Baugenehmigung für ein Bienenhaus. So ließ er sich sein Bienenhaus eben *wachsen*, aus Salweide, ohne Baugenehmigung. Sein *lebendes* Haus trägt nun im frühesten Frühjahr Weidenkätzchen und füttert seine Bienen mit Pollen. *Nie* hätte das ein totes Bienenhaus geleistet. Das *lebende* System brachte ihm noch viele andere Vorteile.

Ein junger Wirt in einer Nürnberger Altstadtstraße hatte nicht das Geld, um sein Gründerzeithaus neu zu verputzen. Nicht nur deswegen läßt er ihm jetzt einen herrlichen Grünpelz aus wildem Wein, Clematis, Knöterich und Efeu wachsen. In eine *solche* Kneipe mit Gartenwirtschaft im Pflanzenhof gehen Zeitgenossen gerne: Das Geschäft *und* das Pflanzenkleid blühen.

Ein nicht mehr so junger Schweizer türmte viele Strohballen und Heuballen zu einem Bio-Dom, berankte das Ganze mit Brombeeren und Brennesseln und zog mit seinen Schafen und Bienen in dieses eßbare Biohaus ein: Pionier einer biologischen Selbstversorgergesellschaft?

In vielen Städten werden heute leere Dachböden Stück um Stück zu Dachgärten und Dachgewächshäusern. Der »Große Bruder« ist heute froh um jeden, der sich um sich selbst kümmert und nicht *auch noch* die Hand aufhält. Früher gab es kaum ein Haus, einen Hintergarten, einen Hinterhof, in dem nicht eine Laube grünte, bevorzugter Platz für Kinder und Liebende. Grünbauten, Lebendbauten, Sauerstoffduschen, das alles können wir wiederentdecken – das wichtigste Substrat dafür ist einfach eine Prise *Mut.*

Teilheit und Ganzheit, Monokultur und Polykultur, Natur und Kultur ... Die heutigen Probleme der industriellen Gesellschaft sind nicht Super-Industrialisierung und Super-Automation, wie uns das die einfältigen Verlängerer der Industrie-Religionen glauben machen wollen.

Das Problem heute ist die Umsetzung der Erkenntnis, daß dieses »Lebewesen Erde«, von dem wir Menschen eine minoritäre Teilheit sind, sich nicht von eben dieser Minorität *diktatorisch* regieren läßt. Pflanzen und Tiere haben ein Naturrecht auf Mitbestimmung in der Ganzheit der Lebenskreisläufe.

Menschen-Demokratie muß überdacht, muß erweitert werden.

Es gibt nämlich tausendmal mehr Pflanzen und Tiere als Menschen. Heute verfügt also eine Minorität von Menschen *diktatorisch* über eine Majorität von Pflanzen und Tieren. Das soll gutgehen, das soll nicht zurückschlagen? Wenn der Mensch als Teilheit der Ganzheit dient, dann dient ihm auch die Ganzheit. Wenn der Mensch Monokulturen in Stadtwirtschaft und Landwirtschaft einrichtet, versagt ihm die Weisheit des Ganzen die Unterstützung. Wenn eine technische Stadtkultur die Natur vor ihre Tore verbannt, bekommt sie den täglichen Terror und *immer mehr davon.*

Das dualistische Denken in Teilheiten von Gut und Böse, Himmel und Hölle, Natur und Technik, Körper und Geist, Leben und Tod ... ist unrealistisch, lebensfeindlich und selbstzerstörerisch. Wer Riechsprachen, Fühlsprachen, Bewegungssprachen, Geschmackssprachen zugunsten der *Monokultur* von dualistischen Verbalsprachen aufgibt, kann nicht mehr an der Gesamtheit der Naturkreisläufe teilhaben und mitwirken. Er gibt auf.

Also bleibt uns die »Arche Bio«, die unter der Flagge *lebender* Pflanzen segelt – auch in der Stadt, bei wenig Wind?

Die Naturstadt »Biopolis« – selbstregelnde Umwelt der biologischen Selbstversorger-Gesellschaft. Wir werden in der Naturstadt wieder lernen, unsere täglichen Reststoffe in Kompost, also Rohstoff, zu verwandeln.

Wir werden *dabei* vielleicht ebensoviel Zeit aufwenden wie für die Zubereitung einer guten Mahlzeit. Reststoffe (»Abfälle«) sind der Quell für neues Leben, sind nichts Schlechtes. Reststoff-Rohstoffe sind vielmehr die *eigentliche* Währung der biologischen Gesellschaft. Wir werden lernen, Pflanzen so zu hegen, daß sie uns Wohnungen mit Reizklima bescheren und Früchte tragen. Grünpelze an unseren heutigen Häusern sind Anfänge der Naturstadt. Wir werden wieder *alle* Sinne im Verbund miteinander nutzen können. Langeweile und gerade Linien werden seltener. Ängste und Aggressionen des Menschen müssen nicht mehr in Ersatzwelten und Drogen abgebaut werden, sondern werden durch *sinnvolle* Arbeit und Nahrungskonkurrenten aus dem Tierreich in Anspruch genommen. Gegen all diese Einsichten für ein besseres Leben, statt Selbstvernichtung, stehen festgefahrene Strukturen von Vorurteilen: »Es gibt kein Zurück« – »Wir wollen nicht wieder auf die Bäume« – »Nicht auf Bequemlichkeiten verzichten«. Aber im Natursystem weichen materialisierte Strukturen *immer* der Erneuerung, nur die Prinzipien-Werte bleiben. In der Natur gibt es nur *eine* Konstante im sichtbaren Bereich: Veränderung.

Wenn Strukturen, sichtbare Strukturen von Vorurteilen, sich heute als lebensgefährlich falsch erweisen, dann werden sie über kurz oder lang weichen müssen, werden die unsichtbar gewordenen neu-alten Werte wiedergewonnen.

Werte gilt es zu erhalten, nicht Strukturen. Der Mensch *macht* – mit Werturteilen – den Menschen, ohne Berücksichtigung der Umwelt, und Maschinen, aber eben immer nur unter naturgegebenen Bedingungen. Die Grundwerte der natürlichen Ganzheit sind stärker als das rationale Teilwissen des Menschen. Im Mutterleib erfährt *jedes* Kind zuerst formal die *weibliche* Ausprägung, die männliche Formierung entwickelt sich daraus später. Adam entsteht also aus der Eva, nicht umgekehrt. Weich macht hart, nicht umgekehrt. Aus sanften Systemen entwickeln sich harte, nicht umgekehrt. Der Ursprung des Lebens liegt im Wasser, nicht in den Bergen. Auch deswegen brauchen wir, um zu überleben, weiche, anpassungsfähige, vielfältige Umwelt mit *viel* Wasser, wie in der Fruchtblase unserer Mutter.

Das männliche »harte« Prinzip hat uns letztlich die »Arche Titanic« beschert, genau gesehen die dominante Überbewertung des Männlichen als schützender Waffenträger, als Bärentöter, als Holzfäller, der das Leben *seiner* Familie erhält, indem er *tötet*, eine zutiefst naturfeindliche und *damit auch* menschenfeindliche Ideologie, für die der bärtige Prophet-Ideologe kämpft und sich schließlich auch selbst »opfert«: Vorbild des Industrialismus?

Damit ist die wesentliche Problemstellung für die »Naturstadt«, die sanfte Leben-Stadt (»Biopolis«), umrissen, der *einzelne* kann handeln und sich informieren, kann an *seinem* Platz die vielen kleinen, heute möglichen Schritte tun, die wegführen von der total verwalteten Monokultur des Menschen zu einer Vielfalt in Richtung »Naturstadt«.

- Jeder kann ein kleines Biotop mit Libellen und Fröschen pflegen, wenn nicht zu Hause, dann im Wald
- Jeder kann Pflanzenfreund werden
- Viele können sich eine Ur-Laube wachsen lassen
- Manche werden bei 15 °C gesünder leben wollen
- Einige werden Fabrikbauten begrünen
- Stadtväter werden Rad fahren
- Lehrer legen wieder Schulgärten an – ohne Befehl und Finanzen von oben
- Politiker werden die grausigen Kosten von einer »Phantom« sparen und dafür das Muster einer »Naturstadt« wachsen lassen (sie wollen doch gern wiedergewählt werden)
- Teil-Selbstversorgung in der Stadt kommt wieder

– Vielfalt tritt an Stelle von Monokulturen
– Ideologie *jeder Art* wird als naturfeindlich und menschenfeindlich erkannt

Alles in allem: Es kommen *gute* Zeiten, *weiche* Zeiten: sanfte Strukturen.

Unser Grußwort mit Augenzwinkern:
»Kommt Zeit – kommt Bio.«

Häuser, die Energie wandeln und bewahren

In der Bundesrepublik Deutschland gibt es mindestens 10 Millionen Wohnungen, von denen jede durchschnittlich etwa 50 m^2 Grundfläche beanspruchen mag. Insgesamt entspricht das einer überbauten Grundfläche von etwa 500 Millionen Quadratmetern. Industrie, Verwaltung, Schulen etc. bedecken in etwa noch einmal die gleiche Grundfläche. Summe: ca. 1 Milliarde Quadratmeter bzw. 100 000 Hektar.

Unter Berücksichtigung von Mehrgeschossigkeit, Reihung, Fensteröffnungen etc. haben diese 100 000 Hektar Nutzgrundfläche mindestens 50 000 Hektar bepflanzbare Außenfläche.

Würde man in den nächsten 10 Jahren nur die Hälfte dieser vertikalen Fassaden bepflanzen, müßte man jährlich ca. 2 500 Hektar bewältigen, deren Planung, Pflanzung und Pflege, einschließlich der Rankgerüste, zur Zeit etwa 50 DM je Quadratmeter kosten dürften. (Eine Fassadensanierung mit unproduktivem Material kostet mindestens ebensoviel.) Der jährliche Umsatz betrüge

Altes Bauernhaus mit bewachsenem Dach, wahrscheinlich ohne menschliches Zutun entstanden (Foto: Gisela Dahl).

demnach etwa 1 Milliarde DM. Das wären ca. 25 000 Arbeitsplätze für Planer, Bioteken etc.

Nun aber zur potentiellen »Leistung« von 250 Millionen Quadratmetern bepflanzter Gebäudefläche in unseren Städten:

1. Sauerstoffproduktion: Wenn jeder Quadratmeter bepflanzter Fläche jährlich 0,5 kg Sauerstoff produziert, beträgt die jährliche Gesamtproduktion etwa 125 Millionen Kilogramm.

2. Kohlendioxid-Verwertung: Etwa 1 Kilogramm pro Quadratmeter und Jahr.

3. Schalldämpfung: Großblättrige Immergrüne verzehren durch Blattbewegung Luftschall, und zwar vor allem in den kritischen hohen Frequenzen, in denen jede Reduktion doppelt zu Buche schlägt.

4. Staub- und Schadkeimreduktion: Pflanzen lagern Luftstaub mit Virenbesatz an und sorgen so für eine Luftreinigung um bis zu 90%. Im Gegensatz zu nicht-lebenden Baustoffen vernichtet das lebende Blatt auf diese Weise Viren.

5. Energie: Pflanzenteppiche an Fassaden kühlen im Sommer und isolieren im Winter. Im Sommer ist der Stadtbewohner einer grünen Straße aktiver, es wird weniger Wasser verbraucht, das Klima kann im Sommer um bis zu 5 °C verbessert werden. Im Winter kann mit Pflanzenteppichen der Energieabfluß aus Gebäuden um bis zu 30% vermindert werden. *Volkswirtschaftlicher Ansatz:* 10 Millionen Wohnungen mit Heizkosten von durchschnittlich ca. 1000 DM/Jahr ergeben jährliche Gesamtheizkosten von ca. 10 Milliarden DM. Bei nur 5% Energie-Einsparung durch Pflanzenteppiche an Fassaden bedeutet dies eine Ersparnis von ca. 50 Millionen DM/Jahr.

6. Psychischer Nutzen: Lebendes Grün erzeugt Lebensmut und Lebensfreude ... Die Abwesenheit von Grün erzeugt Depression, psychische Schäden, Krankheit.

Der potentielle volkswirtschaftliche Gesamtnutzen von 50% vertikalen Grünsystemen in der Bundesrepublik Deutschland läge grob geschätzt bei einer Größenordnung von insgesamt etwa 10 Milliarden DM/Jahr, denen – ca. 10 Jahre lang – ein Einsatz von jährlich nur etwa 1 Milliarde DM gegenübersteht.

Grünsysteme würden sich also bereits nach dieser Rechnung zehnfach bezahlt machen, d.h. sie hätten eine volkswirtschaftliche Rendite, die Industrieprodukte kaum jemals erreichen werden. Dabei sind in dieser Rechnung weder die sozialen Kosten für Kulturseuchen, wie Krebs oder Kreislaufkrankheiten, die z.T. auch in schlechter Stadtluft eine Ursache haben, voll eingebracht, noch wurde die Reinigungsaktivität von 250 Millionen Quadratmetern Pflanzenoberfläche auf das Wasser in Ansatz gebracht. Als weitere Faktoren kämen auch die Produktion von Biomasse (Kompost, Früchte etc.) und zahlreiche positive Nebeneffekte wie Schonung der Umwelt, Verhinderung von Stadtflucht etc. in Betracht.

Wie funktioniert eine selbstwachsende Gebäude-Isolierung? Die wesentliche Erkenntnis liefert die Betrachtung des Pflanzenblattes als lebender Sonnenkollektor (vermutlich der beste, den es je geben wird). Der Sonnenkollektor »Pflanzenblatt« dreht sich im täglichen und jährlichen Sommerzyklus optimal und leistet folgendes: Im Sommer hebt sich das Blatt der Pflanzen nach dem hohen Sonnenstand und wirkt so als »Lüftungsjalousie«, kühlt also mit Kaminwirkung zwischen Pflanze und Gebäude, unterstützt durch die Verdunstung der Pflanze. So wird nicht nur ein einzelnes Gebäude klimatisiert, sondern sogar »Stadtwind« erzeugt. (In viele schlecht lüftbare Städte kann durch vertikale Grünsysteme wohl erst Flurwind hereingebracht werden.)

Im Winter dagegen senkt sich das Blatt der Immergrünen aufgrund geringeren hydrostatischen Drucks nach dem niedrigen Sonnenstand und bildet, sich mit anderen Blättern überschuppend, einen stehenden, isolierenden Luftraum vor dem Gebäude. So kommt die Energie-Sparwirkung zustande.

Für heiße Länder wie *Brasilien* oder *Australien* ist vor allem die Kühlwirkung der Pflanzenteppiche interessant. In *Europa* und in der *Bundesrepublik Deutschland* dagegen stehen Forschungsarbeiten über die (aktive) Erzeugung von Wärme durch Pflanzenteppiche und über ihre (passive) Wärmedämmungseigenschaften im Vordergrund. Zur aktiven Wärmeerzeugung kommen in Betracht:

1. Die durch Stoffwechsel entstehende Zellwärme (Homöostase), die allerdings gerade im Winter gering ist;

2. Wärmeentzug aus kompostierter Biomasse von blattwerfenden Systemen, und

3. die Erzeugung von Reibungswärme aus Wind.

Bei der passiven Wärmedämmung durch Pflanzenteppiche spielen mit: die aerodynamischen, physiologischen und morphologischen Eigenschaften einer Spezies oder einer Symbiose von Spezies. Dazu gehören Blattfarbe (Reflektions- und Absorptionsfähigkeit), Blattgröße, Blattstellung (Schuppung), Blattgewicht, Wuchsdichte, aerodynamische Eigenschaften des Blattes/des Systems und Rankfestigkeit bzw. Windfestigkeit eines Systems.

Überraschende Ergebnisse brachten vor allem Forschungen bei den vermischt voreinander-ineinander wachsenden Spezies von Blattwerfenden und Immergrünen. Durch sogenannte Mischpflanzung (auch Poly- oder Matrixpflanzungen genannt), d.h. durch mehrschalige Anordnung von verschiedenen Spezies in verschiedenen Ebenen, wobei die eine Familie die andere beschützt-beschattet-trägt (weniger lichtbedürftige Immergrüne stehen dabei als »Schattenhäusler« im Unterholz), wurden bis zu 35% Energie-Einsparung erzielt.

Um diese erstaunlich guten Ergebnisse weiter abzusichern, müssen die Messungen zwar erst wiederholt werden; doch wundern muß sich über die Ergebnisse eigentlich nur, wer die produktiven Ergebnisse anderer Mischkultur-Forschung nicht kennt.

Rankgerüste, Ranksysteme. Es scheint, daß vor allem die Rankgewächse mit Bodenschluß – Immergrüne und Blattwerfer kombiniert – sichere Lösungen bieten.

Konstruktiv kann Bewuchs direkt auf der Wand haften oder von einer Stützkonstruktion auf Abstand gehalten werden. Bewuchs direkt auf der Wand hat in vielen Fällen (nachweisbar 60 bis 70 Jahre) den Putz geschützt, nicht etwa geschädigt. (In berichteten Fällen wurden im gleichen Zeitraum unbepflanzte Häuser in gleicher Lage drei- bis viermal neu verputzt oder ausgebessert.) Trotzdem gibt es auch Fälle, besonders an exponierten West- und Nordseiten, wo Direktwuchs den Putz sprengte und so das Eindringen von Wasser ermöglicht hat, was im Winter zu Frostbrüchen führte. Direktbewuchs mit Immergrün an der Westseite ist also nicht ratsam. Zur Verbesserung der Gesamtleistung von Pflanzenteppichen wird deshalb empfohlen, Bewuchs von Fassaden generell auf einer leichten Unterkonstruktion zu planen. Zum Beispiel: Holz, imprägniert, Raster ca. 50 x 50 cm, befestigt auf Holzprofilen, die von Boden zu First gespannt sind, dimensioniert für Flächenwind, zwischen Holz und Holz stets kleine Abstandhalter aus Hartholz, um Austrocknung zu sichern.

Alternative: Von Weinberg-Zugankern im Boden zur Dachtraufe gespannte, gefärbte Poly-

Entwurf für eine Gruppe von mehrgeschossigen begrünten Naturhäusern, die sich selbst mit Nahrung und Energie versorgen (Rudolf Doernach + Partner).

propylen-Seile, je nach Pflanzen und Gebäudehöhe zusätzlich Horizontalseile oder Netze gespannt. Verstellbare Spannschlösser sind notwendig, um Windgeräusche zu minimieren. (Die Furcht vor Insekten und Ameisen aus Pflanzenteppichen ist meist übersteigert, denn viele Vogelnistplätze in der Fassade sorgen für Balance.)

Bei Bauten in kalten Gegenden wird man optimal folgendermaßen verfahren:

1. Südseite: Blattwerfender Bewuchs, früchtetragend, mit Abstand von der Wand, also sommerliche Kühl-Kaminwirkung. Im Winter wird die niedrig einstrahlende Wintersonne nicht durch Bewuchs reflektiert, erwärmt die dahinterliegende Südwand, die also günstigerweise dunkel gehalten wird.

2. Westwand: Falls viel Westsonne vorhanden und wenig Schlagregen, kann die Westseite wie die Südwand ausgebildet werden. Sonst: Immergrüner Bewuchs mit Abstand von der Wand, voll zugewachsen ohne Kühlwirkung, um ein Wärmepolster zu halten; stehende Luft also.

3. Ostwand: Falls die Morgensonne die Wand voll erreicht: wie Südwand. Sonst wie Westwand mit Immergrünen.

4. Nordwand: Voll Immergrün bewachsen, als Pflanzen-Isolierteppich vor einem »stehenden Luftpolster«.

Zur Erhöhung der Effizienz können außerdem Verfeinerungen der Ranksysteme beitragen; Systeme zum Beispiel, die Wärmeschotten haben, solche, die Biomasse sammeln und Nistplätze schaffen, oder gar solche mit hinteren/inneren Reflexschichten, die dichteres Wachstum bewirken.

Die Entwicklungsrichtung der industriellen Gesellschaft geht heute von Technik zu automatisierter Mikrotechnik und weiter zur Biotechnik. Auf dem Bausektor sollte eine ähnliche Entwicklung angestrebt werden. Die biologisch produktive Variante der Fassadengestaltung mit lebenden Grünflächen wird sich gegen den Werbedruck von Industrien, die mit hohem Energieeinsatz biologisch inaktive Baumaterialien herstellen, erst noch durchsetzen müssen.

Mit Efeu direkt begrünter Klinkerbau in Herrenberg, Tübingerstraße. Seit 20 Jahren komme ich auf meinem Weg nach Tübingen ab und zu an diesem schönen Efeu-Träumer vorbei. Und immer wieder einmal halte ich, schlage den Pelz auseinander, um zu prüfen, ob die Wand feucht ist, ob die alten Backsteinfugen bröseln. Immer habe ich den gleichen Befund: Alles in bester Ordnung, keine Probleme, nur letztes Jahr – es war wohl nötig – gab es einen kräftigen Rückschnitt für den Pelz.

Auch Licht- und Oberleitungsmasten lassen sich begrünen.

Bahnhof in Weinheim an der Bergstraße.

Pflanzenfassaden

Contra

»Haftwurzeln fressen den Putz, dringen in die Fugen, sprengen ...«

»Pflanzen-Bewuchs macht ein Haus feucht ...«

»Pflanzen-Bewuchs beschattet ...«

»Insektenplage ... Spinnen, Ameisen ...«

»Blattwurf, zuviel Pflege und Arbeit – wohin mit den Blättern ...«

»Früchte von der Fassade in der Stadt nicht eßbar ... Schwermetallgehalt ...«

Pro

Haftwurzeln von Efeu und wildem Wein zerstören nicht, sondern legen eher trocken. Nur Kapernstrauch, Feige und einige Gräser dringen in die Risse ein ...

Schuppiger Pflanzenpelz hält Feuchtigkeit ab, Haftwurzeln saugen sogar Feuchtigkeit ab. Oft werden Westseiten begrünt, um *vorhandenen* Bauschäden abzuhelfen.

Pflanzenbewuchs kühlt im Sommer. Wintergrüner Bewuchs hält Wärme: bis 30% Energie-Ersparnis durch Verminderung von Konvektion.

Überwachsene Häuser haben keine Probleme, wenn genügend Vogelnistplätze da sind.

Blätter kann man mit geringem Aufwand zur Humus-Gewinnung kompostieren –
Wer nicht *seinen* Teil zum Kreislauf des Lebendigen beiträgt, kann nicht erwarten, daß dieser Planet auch noch seinen Kindern Lebensraum bietet!

Das ist vielleicht problematisch und im Einzelfall nachzuweisen, doch: früchtetragende Pflanzenfassaden liefern noch *andere* Vorteile: z.B. Sauerstoff, CO_2-Reduktion, Lärmschutz, Staubfilterung.

Herbstfärbung bei Wildem Wein (Foto: Peter Dahl).

Wein in Rothenburg ob der Tauber.

Systematik der Wohnumfeld-Verbesserung

Örtliche Lage nutzen | *Regen nutzen* | *Sonne nutzen* | *Wind nutzen* | *Geothermik nutzen*

. . . mit – statt gegen die Natur bauen . . .

Die Pflanze nützt Umwelt-Energien für den Menschen:

Im Haus, am Haus, auf dem Haus!

Eine Polykultur von verschiedenen Pflanzen hilft einander, schützt einander, löst einander ab . . .
Idealfall: Lebender Rankträger, z. B. Weide für Brombeeren, Topinambur für Bohnen

Gewachsene Vielfalt: Symbiose von Pflanze, Tier und Mensch. Haus Hillendahl in Brechtorf, Krs. Gifhorn bei Vorsfelden (Foto: Heidersberger, Wolfsburg).

Kriterien-Checkliste für vertikale Grünsysteme

1. *Gebäude-Orientierung:* In welcher Himmelsrichtung liegt die zu bepflanzende Außenfläche? Je nach Nord-, West-, Süd- oder Ostlage sind dafür geeignete Pflanzen auszuwählen (Schatten- bzw. Sonnenlage, feuchter Standort etc).

2. *Außenwand-Baustoffe:* Aus welchem Material sind die Außenwände? Stein, Beton, Schindeln etc. Ist überhaupt ein Rankgerüst erforderlich, z.B. bei Holz?

3. *Fensterflächenanteil:* Wieviel Quadratmeter müssen eine oder mehrere Pflanzen später bewachsen? Wichtig für die Anzahl der Jungpflanzen.

4. *Rankgerüst möglich:* Z.B. bei Garagenzufahrten direkt am Haus erforderliche Zufahrtsbreite berücksichtigen. Soll eine Außenfläche direkt am Bürgersteig mit einem Rankgerüst versehen werden, ist unter anderem die verbleibende Bürgersteigbreite zu bedenken.

5. *Boden-Substratverhältnisse:* Ist der Boden stark verdichtet? Vergasung z.B. durch undichte Gasrohre? Vergiftung durch Fremdeinwirkung wie durch Streusalz?

6. *Pathogene Zonen:* Führt eine Wasserader unter/am Haus entlang?

7. *Vandalismus-Problem:* Müssen die jungen Pflanzen durch kleinmaschigen Draht geschützt werden; vielleicht besser vom Balkon aus pflanzen?

8. *Schwefeldioxid-Gehalt der Luft:* Vor allem bei Standorten in Städten oder an verkehrsreichen Straßen (Ampelnähe) besonders widerstandsfähige Pflanzen wählen.

9. *Regenwasser-Nutzung:* Kann die Pflanzung mit Dachwasser gespeist werden? Ist der Standort für Regen erreichbar? Eine wichtige Frage auch z.B. bei Abwesenheit im Urlaub.

10. *Natürliche/künstliche Bewässerung:* Vgl. 9., Härtegrad des Wassers kann von Bedeutung sein.

11. *Pflege durch Bewohner/Hausmeister:* Bei Mietshäusern sollte eine gemeinschaftliche Pflege angestrebt werden.

12. *Klimapflanzen/Nutzpflanzen:* Je nach Gebäudeseite ist Wärmeschutz-, Wetterschutzpflanzen oder früchtetragenden Pflanzen der Vorzug zu geben.

13. *Gebäude-Struktur:* Balkon- und Terrassenflächen können zusätzlich für Substratbehälter genutzt werden, Dächer sind mit Wärmepumpen-Absorberflächen schlecht bepflanzbar (Wärmeentzug!).

14. *Windverhältnisse:* Zu berücksichtigen auch bei der Wahl des Rankgerüstes (Systemmaß).

15. *Geschossigkeit:* Bewuchs von oben, unten oder der Seite, Möglichkeiten der Kombination prüfen.

16. *Mögliche Präkultivierung:* Vgl. 8., bei solch gefährdeten Standorten empfiehlt es sich, die Pflanzen vorzuziehen.

17. *Standort-Klima:* Bei der Auswahl der Pflanzen zu berücksichtigen, z.B. winterharte Efeusorten.

Variationen der Pflanzenfassaden

Die schnellste, sicherste, aber natürlich nicht billigste Begrünung kommt von *möglichst vielen* Standorten am Haus.

Die *stabilste* und *sicherste* Begrünung ist eine *Polykultur* aus möglichst vielen verschiedenen Pflanzen. Eine Polykultur nutzt Pflanzen, die selbst Haftwurzeln haben, *und* solche, die einen Rankträger brauchen, und mischt auch Pflanzen mit unterschiedlichem Lichtbedarf.

Das standortunabhängig optimale Fassadengrün gibt es nicht, aber jedes mit »Liebe« gepflegte, als Polykultur ausgelegte System wird Erfolg haben.

Entrée in Frankreich. In Deutschland eignet sich die Pfeifenwinde mit ihren großen Blättern besonders gut für »lebende Hauspforten«.

Balkon- und Fassadenbewuchs.

Pflanzen und Rankträger

Rankträger / Pflanzen	Direkt-Bewuchs	Spann-draht	Holz	Metallgewebe verzinkt/Edelst.	Streckmetall Alu/Stahl/Edelstahl	organische Kunststoff-gewebe	organische Seile (UV-stabil)
Efeu (300 Sorten)	+	o	?	?	?	?	?
Wilder Wein mit Haft-wurzeln	+	+	?	?	?	?	?
Wilder Wein ohne Haft-wurzeln	+	+	+	—	—	—	—
Brombeere	—	+	+	?	?	?	?
Clematis	—	+	+	?	?	?	?
Knöterich	—	+	+	?	?	?	?
Hopfen	—	+	+	?	?	?	?
Pfeifen-winde	—	+	+	?	?	?	?
Pflanze als Rankträger, z. B. Weide, Holunder	—	+	+	?	?	?	—

+ empfehlenswert; — nicht empfehlenswert; ? nicht ausreichend erprobt; o unmöglich

Schema eines rechteckig (oben) und diagonal (unten) angelegten Spaliers. Vergleiche hierzu auch »Befestigungsprinzipien von Rankträgern«. Wichtig sind bei dieser Spalierkonstruktion vor allem die Abstände von nicht mehr als 50 x 100 cm (Windgeräusche) sowie die richtige Verankerung.

Bescheidenheit in Bayern. Hier hat ein Pflanzenfreund ganz einfach Dachlatten mit einem braunen Holzschutzmittel gestrichen, einen Monat lang abgelüftet und dann mit Abstand vor die Wand gedübelt. Ein wahrer Künstler, denn das Verhältnis von Horizontalen und Vertikalen ist nicht nur für die Pflanzen richtig, sondern auch noch schön. Natürlich wäre auch ein quadratisches Raster möglich oder gar ein diagonales »Scherengitter«, aber er hat für sein Haus diese Form gewählt und zieht jetzt eben sein Spalier so, daß es seinen Fensterläden nicht in den Weg wächst.

Selbstbau-Balkon

Die Skizze soll nur einen Eindruck vermitteln, wie ein Selbstbau-Balkon im Prinzip konzipiert sein kann. Keinesfalls ist diese Zeichnung als Bauplan zu betrachten, denn man braucht in der Regel Statiker und Baugenehmigung.

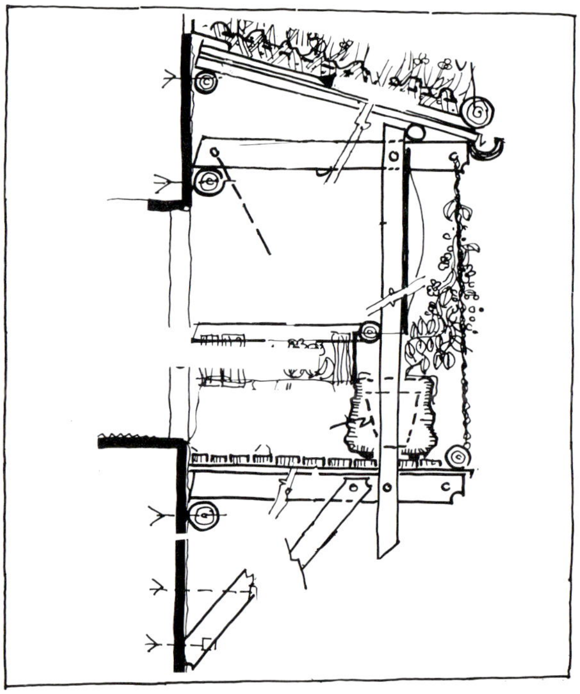

Begrünung punktförmig, vorwiegend ästhetischer Nutzen (geringer Nutzen)

Fassadengrün-Varianten

Der Efeu-Spezialist Br. Ingobert, Abtei Neuburg bei Heidelberg: »... übrigens hält sich immer noch das Schauermärchen, Efeu zerstöre das Mauerwerk und mache es feucht. Das Gegenteil ist sogar der Fall: Efeu holt sich nämlich Feuchtigkeit nicht nur vom Boden, sondern auch von der Wand, trocknet also die Wand, wodurch diese weniger Wärme durchläßt, gesünder wird!«

Begrünung linear meist: Fruchtspalier an der Südseite (nur kleinflächig möglich)

Begrünung flächig, klimatischer Nutzen, Kühlung im Sommer, im Winter Thermohaut

Variantenvon Rankträgern

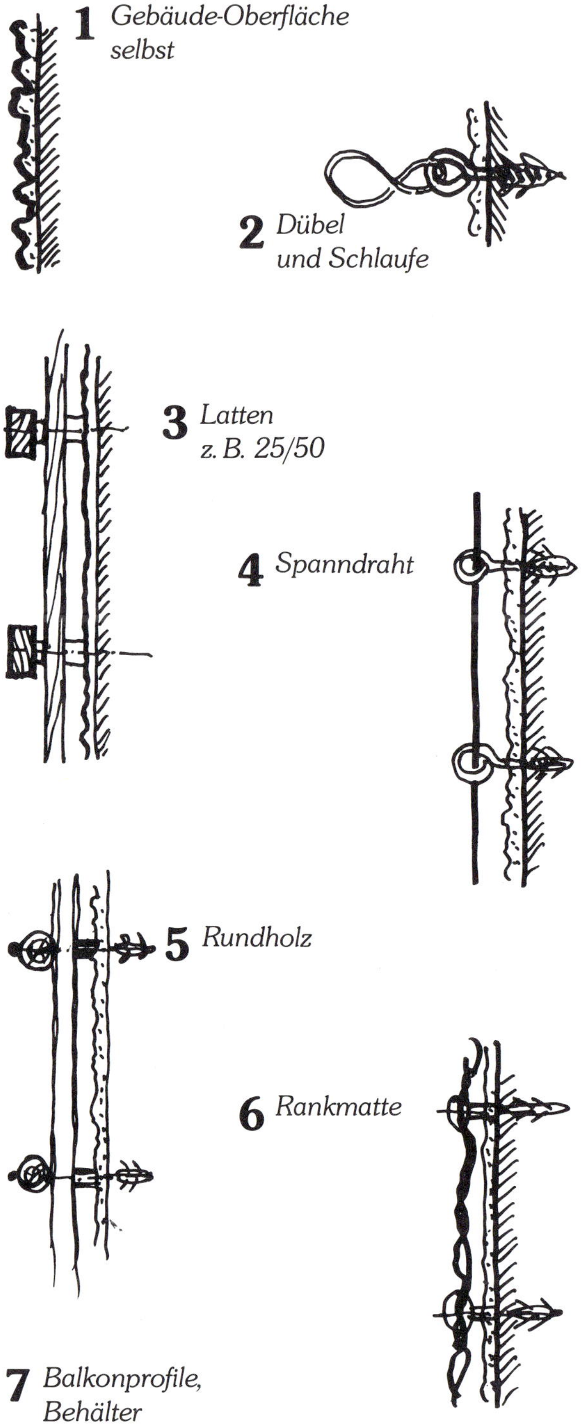

Rankträger	Ranker	Kletterer	Spalier
1	–	+	–
2	–	–	+
3	+	?	+
4	+	–	?
5	+	?	+
6	+	+	–
7	+	+	–

\+ empfehlenswert
– nicht empfehlenswert
? nicht ausreichend erprobt

Befestigungsprinzipien von Rankträgern

Ein sommer- oder immergrüner Pflanzenvorhang ist je nach geographischer Lage und der Höhe eines Gebäudes beträchtlichen Zug- und Druckkräften ausgesetzt (vgl. DIN-Vorschriften).

Es gab Direktbewuchs an Hochhäusern, die durch sog. »Fußwirbel« abgerissen wurden. Rankträger sollen deswegen in Abständen von nicht mehr als 50 × 100 cm punktförmig gedübelt werden, sonst entstehen u.U. störende Windgeräusche.

Schweizer Bauernhaus südlich von Luzern. Der Laden ist mit Weinrebe umgrünt. Das Planzbett nur etwa 1 m^2 groß. Punktförmige Dübel-Halterungen mit Abschnitten von einem Fahrradmantel tragen die anfallenden Windlasten. An dieser Südseite werden jährlich etwa 50 kg Trauben geerntet.

Knöterich-Laube bei einer Wirtschaft direkt am Rhein. Die Rankträger sind Eisenprofile, was bei Jungpflanzen selbst in dieser milden Klimalage nicht problemlos ist.

Rundholz-Rankträger, langlebig, mit konstruktivem Holzschutz.

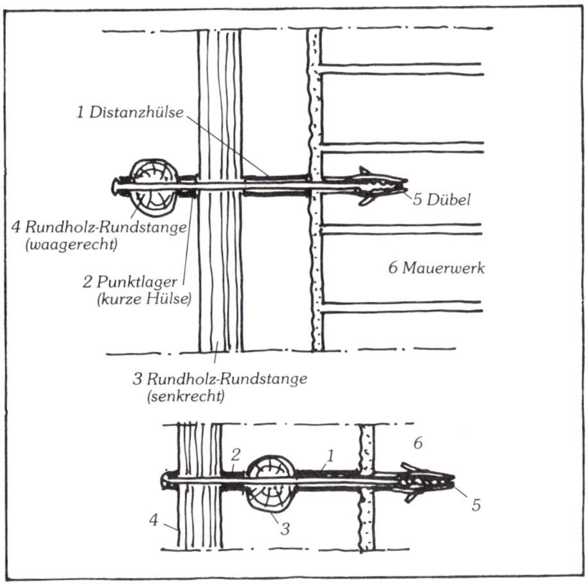

Kombinierbarkeit von Polykulturen

	Efeu	Brombeere	Wein	Spalier Rebe Apfel Birne
Efeu	≧ 300 Sorten	Efeu + Brombeere	Efeu + Wein	—
Brombeere	Efeu + Brombeere	mit/ohne Dornen	Brombeere + Wein	?
Wilder Wein	Efeu + Wilder Wein	Brombeere + Wilder Wein	viele Sorten mit und ohne Haftwurzeln	Spalier + Wilder Wein (direkt)
Spalier Rebe Apfel Birne	—	?	Spalier + Wein	Keine Hybriden ohne Pfahlwurzelpflanzen

\+ empfehlenswert — nicht empfehlenswert ? nicht ausreichend erprobt

Polykultur, viele Arten leben zusammen: Haus Dahl bei Freiburg (Foto: Arch. Dahl, Landstuhl).

Empfehlungen für Grünfassaden

1. Grundsätzlich Rankträger vorsehen (auch um Abstand = Luftschicht vor der Wand zu erhalten), weil Direktbewuchs von Fassaden immer noch auf Widerstand stößt. Damit können auch gleichzeitig Ranker *und* Kletterer als Polykultur wachsen.

2. Hohe Fassaden wie Brandwände haben manchmal Fußwirbel-Winde und brauchen auch deswegen mindestens zweigeschossige Rankträger.

3. Jungpflanzen überleben besser mit Rankträgern und in möglichst großen und hohen Behältern – mit oder ohne Bodenschluß, je nach Bodenqualität, Lage ...

4. Bodenschlüssigkeit ist prinzipiell vorteilhaft. Zusätzliche geschoßweise Anordnung von (sicheren!) Substratträgern umgeht Platzprobleme, ermöglicht Pflege auf Familienebene.

5. Pflanzung, Hege und Pflege durch die Bewohner ist psychologisch von großer Bedeutung.

6. Bei der Sortenwahl und der Sortenkombination für Polykulturen sollen lokal angepaßte Arten bevorzugt werden. Käufliche Behälterpflanzen sollen möglichst von relativ rauheren Standorten kommen.

7. Automatische Bewässerung ist oft teuer. Wenn darauf verzichtet wird, muß die Bewässerung von geschoßweise angeordneten Substratträgern in den Ferienmonaten – durch Nachbarschaftshilfe – gesichert sein.

8. Früchtetragende Pflanzen wie Rebe und Obstspalier nur an Südseite, Südostseite und West-Südwestseite pflanzen. Maximal 3 Geschosse, da Ernte mit Leitern nicht ungefährlich. In manchen Städten: Vorsorgliche Prüfung der Früchte auf Schwermetallgehalt.

9. Möglichst schnelle Begrünung: Kombination von schnellen Einjährigen mit langsamen Immergrünen.

10. Flächendeckende Begrünung – also optimaler Klimaschutz – ergibt maximale biologische Aktivität: Von möglichst vielen Stellen des Hauses aus pflanzen, mit möglichst vielen Sorten: dauernde Nachpflanzung von Ausfällen in den ersten Jahren.

11. Auf Verkehrsebene möglichst hohe ($\geqq$ 1,50 m) Substratbehälter, die gegen Vandalismus, Abfälle und Zigarettenreste gesichert sind.

12. Für einen schönen großen Fassadenpelz lohnt sich die Mühe der Pflege und Düngung vielfach, jedoch ist vor Überdüngung von Jungpflanzen zu warnen.

13. Efeu bildet nur Haftwurzeln, wenn genügend Luftfeuchtigkeit anfällt. Unter den wilden Weinen gibt es Sorten, die selbst klettern, aber auch solche, die einen Rankträger brauchen.

Stadtlaube in Savoyen mit einem 15 Meter langen Pflanzenbart aus wildem Wein.

Grüne Energie in Oberwinter. Direktbewuchs mit wildem Wein und Clematis und einigen anderen Pflanzen – eine Polykultur. Kaum glaublich! Seit dreißig Jahren pflegt ein Diplomlandwirt in Oberwinter seinen Pflanzenpelz am Haus. Keinen einzigen Ziegel haben die Pflanzen beschädigt, keine Risse im Putz, nur wenige Spinnen und Ameisen als Vogelfutter, jedenfalls kein Ärger ... Glauben Sie nicht auch, daß es sich in diesem Haus besser lebt als in einem nackten? Fühlen Sie nicht auch, daß die Enkel hier gerne ihre Oma besuchen?

Nachkriegsbau in Düsseldorf-Hochdahl, Wilder Wein. A. Bernatzky (Baumzeitung 1/67) hat gemessen, wieviel Sauerstoff Pflanzengrün produziert und wieviel Kohlendioxid aus unseren Autos, Lungen und Heizungen das grüne Blatt verdauen kann:

Produktion Sauerstoff 0,5 kg/m^2 im Jahr. Verwertung Kohlendioxid ca. 1,0 kg/m^2 im Jahr.

Winterharte Efeusorten
(Hedera helix)

Die nachstehend aufgeführten Efeusorten wachsen jährlich um 0,5–1 m.

Baltica sehr hart, ähnlich gewöhnlichem Efeu
Digitata Hesse mittelgroßes, wenig gelapptes Blatt, im Winter rötlich
Gracilis kleines, dreilappiges Blatt, lange, relativ schwach besetzte Ranken
Helvetica dreilappiges Blatt, akzentuierter Terminal-Lappen, Winterblatt rötlich
Minima kleines, meist fünflappiges Blatt
Nebulosa Blatt grob dreieckig bis fünflappig, Nerven hell, nicht erhaben
Rottingdean wie »Digitata«, jedoch grobblättriger
Walthanensis gleichmäßig fünflappiges Blatt
Woerneri ähnlich »Hibernica«, jedoch härter, im Winter gerötete Blätter mit heller Ader
Goldherz goldgelbe Blattmitte

Hauptsorten, werden in Menge gezogen und auch versandt von:
Abtei Neuburg
Stiftweg 2
69 Heidelberg-Ziegelhausen

Jugendformen und Altersformen des Efeublatts unterscheiden sich häufig. Die Altersformen sind meist rundlich.

Blatt des winterharten Efeus (hibernica)
Das Kondensat am Blattrand stammt von Sprühdünger bei der Jungpflanzenanzucht
(Foto: Th. Krötz).

In Horn bei Detmold, Richtung Bad Triburg, am ehemaligen Stadtgraben, träumt dieser alte Efeu vor sich hin. Hunderte von Jahren lang haben die Vögel aus diesem Pflanzenpelz die Gärten von Insekten freigehalten. Wer würde es wagen, dieses Pflanzenkleid abzureißen, um den Turm neu zu verputzen? Wer würde den Kindern das Spiel der Eidechsen aus diesem Traumhaus stehlen? Der alte Turm am Stadtgraben ist tabu, das Zeichen dieser Stadt und Beispiel für Sanierungs-Süchtige, die Pflanzen aus der Stadt vertreiben.

Efeu am Alten Schloßplatz in Stuttgart. Das alte Schloß wurde im Krieg völlig zerstört, der Efeu überlebte – ein Symbol? Immergrüne sind besonders gute, dichte und tiefe Nistplätze für Vögel, die mithelfen, Insekten zu vertilgen.

Wie man selbst Efeu »ziehen« kann

Efeu ist die interessanteste Klima-Schutzpflanze in Nord- und Westlagen.

Baby-Pflanze in der Wohnung. Triebstück mit Blättern in ein düngerarmes Substrat oder Blumenerde. Für Hydrokultur kann man auch in reinem Leitungswasser bewurzeln.

Teenager ins Freie. Man stellt den Papp- oder Preßtopf einfach in den nächstgrößeren.

Immergrüne für die Fassade. Behälter in Behälter in Behälter, dazu Stützstäbe, z.B. aus Weide. Den Weidensteckling kann man auch bewurzeln lassen, als lebendes Rankgerüst für das Efeu und – mit Rückschnitt – zur Beschattung. Für Flächen-Begrünung: ca. 10 Pflanzen pro m^2.

Kloster in Südengland. Uralter Efeupelz, Direktbewuchs auf Backsteinmauerwerk. Solchen Klimaschutz für Gebäude trifft man im feuchten England besonders häufig, aber auch in der windreichen Dordogne Frankreichs und in der kalten Haute-Savoie.

Bewährte Rank- und Kletterpflanzen

Efeu
wächst pro Jahr bis 1 m. Stränge bis 30 m Länge, selbstkletternd, immergrün, wächst im Schatten, über 300 Sorten, karge Böden, blüht ab etwa dem 8. Jahr

Pfeifenwinden
lieben einen feuchten Boden. Große herzförmige Blätter, pfeifenartige Blüten, Halbschatten oder Sonne, die Wurzeln brauchen Feuchtigkeit

Kletterhortensien
blühen mit weißen Dolden. Triebe bis 7 m mit Luft- und Kletterranken, weiße Dolden Juni/Juli, milde Gegenden, lateinische Bezeichnung: Hydrangea petiolaris

Trompetenwinde
sucht guten Boden. Bis 10 m, Triebe mit Halbranken, orangefarbene Blüten von Juni bis September, sonnige und warme Lagen in gutem Boden, Rückschnitt im Winter

Brombeeren,
Rankgewächs bis ca. 6 m, immergrün, jede Staude kann bis zu 10 Pfund Früchte tragen, Spalierpflanze

Winterjasmin
blüht bei Kälte. Zweige bis 5 m, überrascht im Winter mit seinen duftenden, gelben Blüten, gebunden oder hängend, muß nach der Blütezeit ein wenig gekürzt werden

Waldreben:
Pflanzen, die Sonne lieben. Bis 3 m hoch, ca. 10 qm pro Pflanze, braucht Rankhilfe und tiefgründigen, kalkigen und humösen Boden, liebt Sonne, Blütezeit: Juni/August

Wilder Wein:
im Winter kahl. Wächst bis 10 m hoch, blattwerfend, flaschengrün im Frühjahr, goldrot im Herbst, braucht kalkigen Lehmboden

Blauregen
blüht von Mai bis Juli. Auch: Glyzinie, bis 6 m, blauviolette Blütendolden, Sonne bis Halbschatten, guter kalkhaltiger und tiefgründiger Boden

Akebien
tragen im Herbst blaubereifte Früchte. Halbimmergrün, duftende, braunviolette Blüte, blaubereifte Früchte im Herbst, lateinisch Akebia

Knöterich
ist anspruchslos. Stränge bis 10 m, ca. 4 m pro Jahr, im August/September weiße Blütenrispen, sehr genügsam, braucht aber einen Rankträger

Geißblatt
wird vier Meter groß. Auch: Jelängerjelieber, Stränge bis zu 4 m, wächst in der Sonne und auch im Halbschatten, blüht im Juni/Juli

Strahlengriffel
sind empfindlich. Rankt bis 8 m, weiße Blüten im Frühjahr, dunkelgrün, sonnige bis halbschattige Lage, besonders empfindlich gegen Wind und Trockenheit

Wilder Hopfen:
kein Laubabwurf in milden Lagen. Humulus lupulus (lat.), wird zwischen vier und fünf Meter hoch, wuchert sehr stark, Standort: lehmhaltiger, nährreicher Boden, keine volle Südlage, im Herbst sterben alle oberirdischen Teile ab

Klettererdbeeren
wachsen bis 3 m hoch, sonniger Standort, humöser, guter Boden, Bodendeckung wichtig. (Die Kletterhimbeere rankt bis 8 m hoch, nur zweijährige Triebe tragen Früchte)

Kletterrosen:
ohne Spalier keine Klimmzüge. Bis 4 m, gelb, rot, rosa blühend, sehr bewährt »New Dawn« (hellrosa), sonniger Standort, braucht Rankgerüst, muß gebunden werden

Leistungen von Biotektur

Abwärme • Wärmeschutz • Kälteschutz • Windschutz • Gebäudeschutz • Schallschutz
Wasser-Reinigung • Wasser-Speicherung • Wasser-Transport • Sauerstoff-Produktion
Kohlendioxid-Reduktion • Staub-Absorption • Schadstoff-Bindung • Viren-Tilgung
Biomasse • Nistplätze • Duftstoffe • Früchte • Blattgrün als Nahrung und Tee • Psycho-Wirkung • Heilwirkung

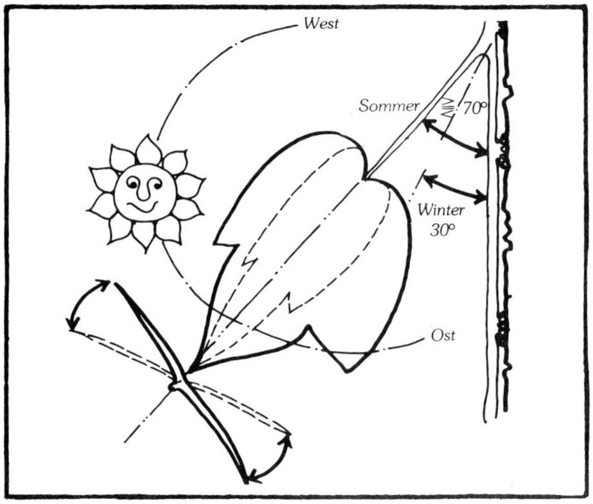

Die meisten Leistungen von Biotektur sind nur möglich aufgrund der Fähigkeit des Blattes, sich im Tageslauf mit der Sonne zu drehen und sich im Jahreslauf dem hohen oder niedrigen Sonnenstand anzupassen. Diese *Jalousierfähigkeit* öffnet im Sommer bei hohem Sonnenstand den Pflanzenpelz und ermöglicht Luftzirkulation mit Kühlwirkung, bei niedrigem Sonnenstand im Winter bleibt der Pelz geschlossen.

Im Sommer: Blatt steiler von der Wand abstehend, offene Jalousie. Im Winter: Blatt eher anliegend, geschlossene Jalousie.

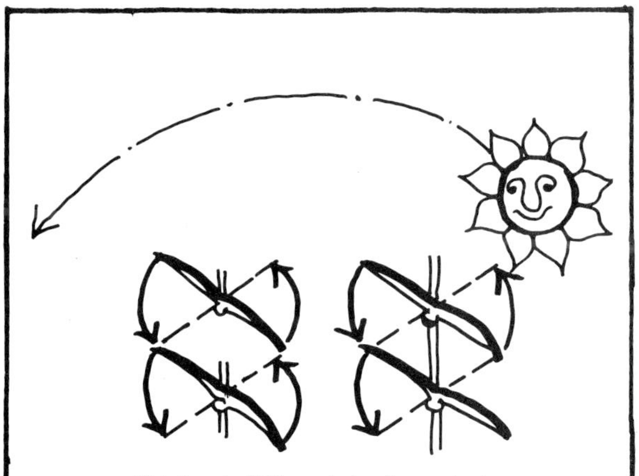

Mitdrehen der Blätter nach dem Sonnenstand

Entsprechend dem täglichen Lauf der Sonne von Ost nach West bleibt vormittags das Blatt mehr nach Osten gedreht, nachmittags dreht es sich mit der Sonne nach Westen (vor allem Immergrüne Pflanzen: z.B. Efeu).

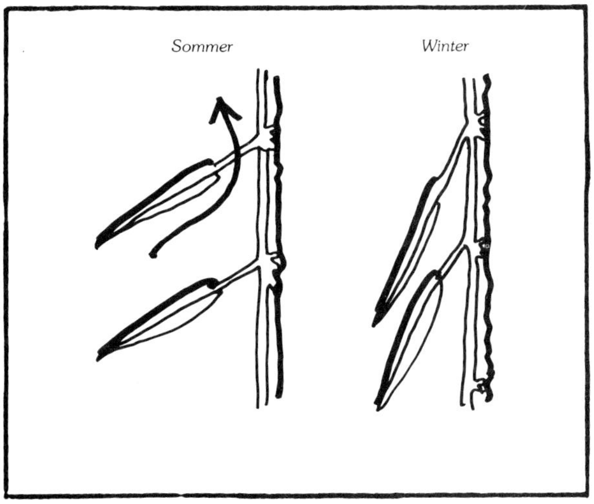

Links offene Blätterjalousie im Sommer, ermöglicht kühlende Luftzirkulation. Rechts geschlossene Blätterjalousie im Winter, lebende Schindeln.

Abwärme

Pflanzen produzieren *selbst* – besonders während der Vegetationsperiode – geringe Abwärme. Zusätzlich verhindern sie als Pflanzenpelz Abwärme vom Haus oder Zuwärme von der Sonne – je nach Pflanzenkombination, Dichte, Pflege …

Pflanzen brauchen im Schnitt ca. 80% der einfallenden Sonnenenergie für ihre »Zellkraftwerke«, also für ihren Eigenbedarf, und geben ca. 20% wieder in ihre Umwelt ab. Pflanzenteppiche sind also solar betriebene *Heizteppiche.* (Wirkungsgrad der Photosynthese: ca. 1%).

Wie ein Pelz bewirkt das überschuppende Blattwerk der Grünfassade (je nach Windlage) ein fast stehendes Luftpolster zwischen sich selbst und dem Gebäude und verhindert als »Wärmemantel« Abwärme.

Heizkosten-Ersparnis pro m^2 Außenwand wurde am Prüfstand mit bis zu 30% gemessen (Messungen St. Lesiuk, 1978, University of Sydney, Dpt. of Horticulture).

Pflanzenteppiche verbessern die Wärmedämmung eines Hauses, helfen also auch Dämmmaterial einsparen.

Wärmeschutz

Ein Pflanzenpelz reflektiert und absorbiert im heißen Sommer die Sonnenstrahlung zu einem beträchtlichen Teil, außerdem kühlt er durch Verdunstung.

So wird die Speichermasse eines Gebäudes weniger aufgeheizt. Zudem »jalousieren« (drehen) sich die Blätter. Zwischen Pflanzenpelz und Hauswand entsteht kaminartige Konvektion.

Ferner bringt die Verdunstung der Pflanzen eine Luftströmung, »Flurwind« für eine bepflanzte Stadtstraße. Bei vielen bepflanzten Fassaden kann das ganze Stadtklima verbessert werden.

Wenn in Zukunft immer mehr Sonnenkollektoren die Dächer zieren, wird Fassadengrün um so wichtiger.

Viele Altbau-Dächer können in Zukunft auch Solar-Gewächshäuser werden, aus denen heraus *auch* Fassadengrün wachsen kann.

Kälteschutz

Immergrüne Pflanzenvorhänge schützen im Winter vor Wärmeverlusten, sommergrüne schützen im Sommer vor Aufheizung.

Mit einem immergrünen Pflanzenkleid – Pflanzenpullover – Pflanzenoverall – können bis zu 30% Wärmeverlust von Gebäuden gespart werden. (Messungen St. Lesiuk, 1978, University of Sydney, Dpt. of Horticulture)

Natürlich brauchen optimale »Fassadenpelze«, um so gute Wirkung zu erzielen, auch Pflege und das physikalische Verständnis für die Funktionsweise: Ein energiespendender, immergrüner »Pullover« an der Nordseite muß »bodenschlüssig« und »traufschlüssig« wachsen und gepflegt werden.

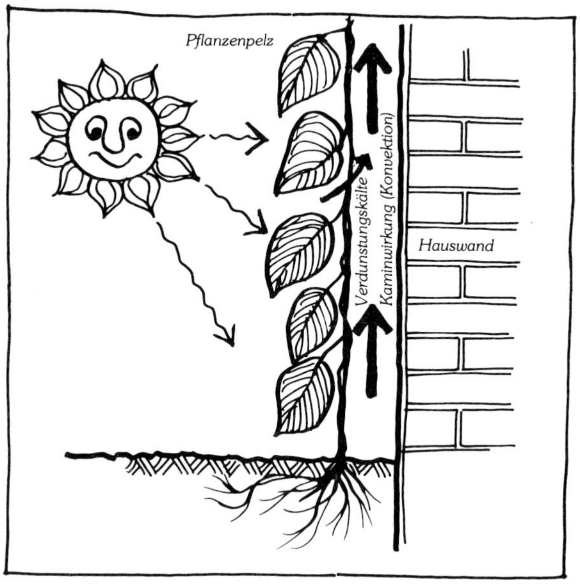

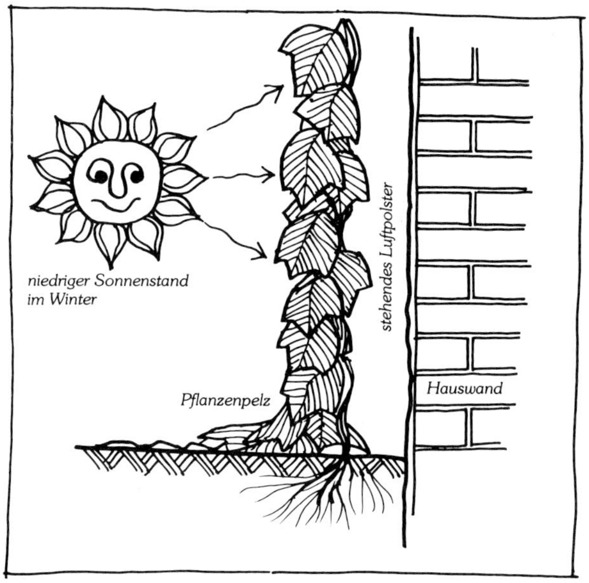

Windschutz

Jedes Gebäude ist – je höher, desto mehr – dem Wind ausgesetzt und wird vom Wind ausgekühlt. Bei hohen und exponierten Gebäuden entstehen sogar »Fußwirbel«, die wie »Kühlturbinen« wirken.

Durch immergrüne Pflanzenkleider kann ein Isolierpolster aus relativ unbewegter Luft geschaffen werden, das die Auskühlung verringert, in der kälteren Jahreszeit also Energie spart, im Sommer jedoch durch »Jalousierung« des Blattwerks und Verdunstung kühlt.

Vor Gebäuden gewachsene Hecken, Büsche und Bäume wirken als Windbremsen, Windabweiser, gestaffelt mit verstärkter Wirkung.

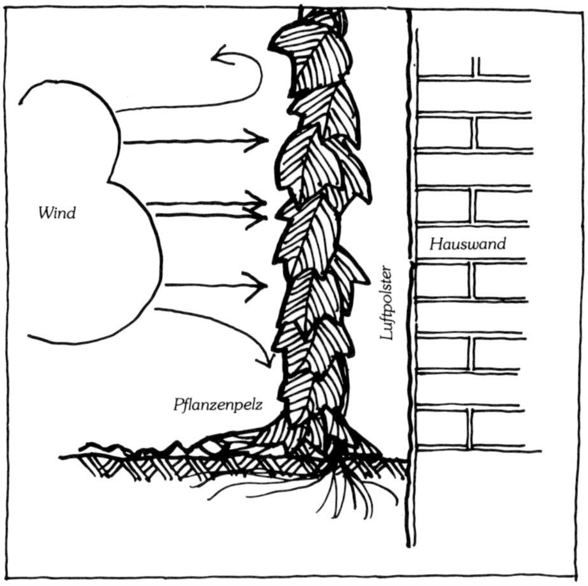

Gebäudeschutz

Gebäude sind Setzungen, Bewegungen und thermisch-klimatischen Belastungen ausgesetzt.

Sommergrüne Pflanzenteppiche an Gebäuden können insbesondere die thermische Beanspruchung durch Sommerhitze (Ausdehnungen) mildern: Weniger Putzrisse durch reduzierte Aufheizung.

Immergrüne Pflanzenteppiche verringern das Eindringen von Wasser in die Baustoffe der Außenwand, reduzieren also *auch dadurch* Abwärme und Putzschäden durch Auffrieren. Oft werden – meist zu Unrecht – vorhandene Grünfassaden als Ursache von Bauschäden angesehen. Wenn Pflanzen in Setzungsrisse wurzeln, tragen sie mitunter sogar zur Austrocknung bei, verhindern weiteres Auffrieren von Setzungs- und Spannungsrissen, »fressen« also nicht ein, weil zum Wurzel-Transport von Mineralen viel Feuchtigkeit notwendig ist: »Bausünden« sind nicht unbedingt Pflanzen-Sünden! (Ausnahmen bestätigen die Regel).

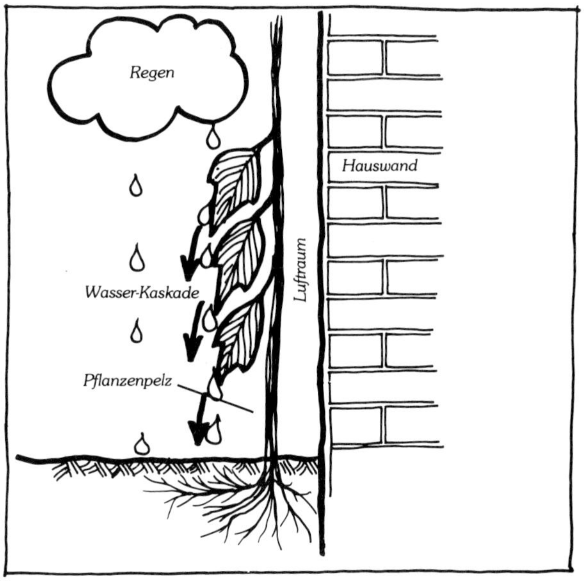

In der hohen Eifel gibt es Windprobleme. Damit die Häuser nicht immer so stark auskühlen und um dem Zwang zu unnötigem Holzverbrauch zu entgehen, lassen die Bauern dort einfach auf der Windseite riesige Hainbuchenwände wachsen.

Statt dauernd Holz in den Ofen zu werfen, haben sie sich für lebende Pflanzenhelfer entschieden und sparen dabei viel Brennmaterial.

Ob sich der Pflegeaufwand lohnt? Ob sich die vielen Vogelnistplätze lohnen? Ob sich der lebende Zaun, den man nie streichen muß, lohnt?

Windschutzhecken aus Hainbuche vertragen schadlos jährliche Rückschnitte (Fotos: Heldmann, Ulrich).

Schallschutz

Stadtlärm – Straßenlärm wird von harten Gebäude-Oberflächen hin und her reflektiert.

Pflanzen-Vorhänge – besonders schwerblättrige, dicke und dichte – reagieren auf Schallwellen durch Mitschwingen der Blätter, d.h. sie verzehren Energie und mindern Reflexion (besonders in Hinterhöfen und Straßenschluchten).

Je nach Pflanzenart, Dichte, Jahreszeit ... können Pflanzenteppiche an Häusern Schall mindern; Schätzungen gehen bis zu 5 Dezibel!

Ein hoher Lärmpegel löst bei Menschen vielerlei Krankheiten aus. Lebenswichtig ist ungestörter Schlaf. Fassadenpflanzen können hier einen Beitrag leisten, auch dann, wenn es einmal beinahe lautlose Biomobile geben sollte.

Wasser-Reinigung

Pflanzen brauchen in der Gesamtbilanz 12 Moleküle H_2O, bauen biochemisch die Hälfte davon ein und verdunsten die andere Hälfte wieder – so auch vertikale Pflanzenteppiche.

Bei diesem solar betriebenen chemischen Prozeß wird Wasser gereinigt und als »Pflanzenwasser« in den Naturkreislauf abgegeben. (Ein großer Baum pumpt während der Vegetationsperiode täglich mehrere hundert Liter Wasser..., nach A. Bernatzky, Anthos 5/66 und Baumzeichnung 1/67).

Da Blattwerk ebenfalls als »Blattdüngung« teilweise Luftstaub und Regensedimente verarbeitet, wirkt es auch reinigend auf über die Blattschuppen abfließendes Wasser – ähnlich wie ein Filterturm.

Blattreiche Stadtbäume und vertikales Fassadengrün können bis zu 75% Luftstaub ausfiltern (nach Hennebo, »Staubfilterung durch Grünanlagen«, S. 55).

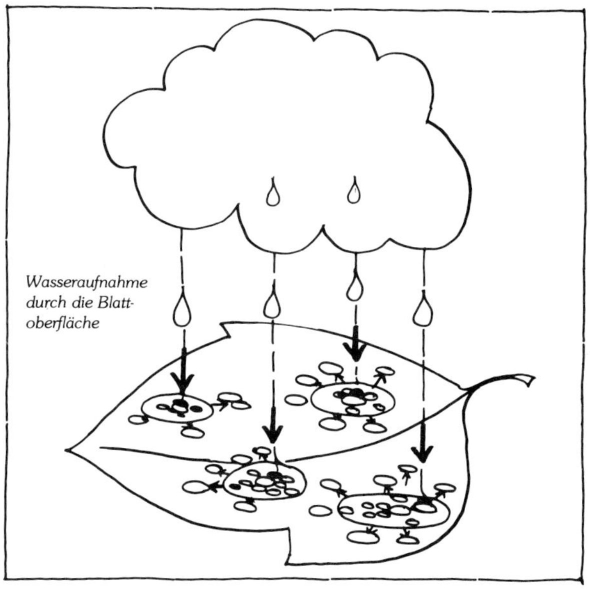

Wasser-Speicherung

Wasser, das in der Stadt auf dem schnellsten Wege in die Kanalisation geht und auf den Straßen noch mit Schadstoffen (Schwermetalle!) vergiftet wird, ist *verlorenes* Wasser für die Vitalität der Stadt und des Menschen.

Wasser bio-logisch, preiswert und bio-aktiv zu speichern ist ein primäres Anliegen für das Überleben der Stadt. Pflanzen müssen – um selbst zu überleben – mindestens 66% Wasser speichern, säubern es dabei, bringen durch Wasser-Transport und Wasser-Speicherung noch viele andere biologisch unentbehrliche Leistungen.

Pflanzen sind lebende Wasserspeicher – vermutlich die wirtschaftlichsten, die es je geben wird, weil sie von selbst wachsen, sich selbst erneuern und dabei noch – unter anderem – Humus produzieren.

Wasser-Transport

Pflanzen »transportieren« Wasser aufwärts und abwärts, auf zweierlei Arten:

1. Ihr überschuppendes Blattwerk schüttet Regenwasser in Richtung Feinwurzeln und bringt damit Sediment-Nährstoffe an die »richtige« Stelle, bei Sommergrünen während der Vegetation, bei Immergrünen das ganze Jahr. Das Blattwerk schützt also beispielsweise eine Westwand vor Schlagregen = Durchfeuchtung, und *damit* vor Wärmeverlusten.

2. Pflanzen »pumpen« Wasser zum molekularen Einbau und verdunsten einen Teil davon bei der Photosynthese. Dabei wird Sonnenenergie aufgenommen und teilweise wieder abgegeben. Während der Vegetationsperiode verdunstendes Wasser kühlt besonders im Sommer die Umwelt (je nach Wuchs bis zu 5 °C). Dabei entsteht Luftbewegung = Flurwind = Pflanzenwind = Pflanzenlüftung = Bio-Klima(»gerät«).

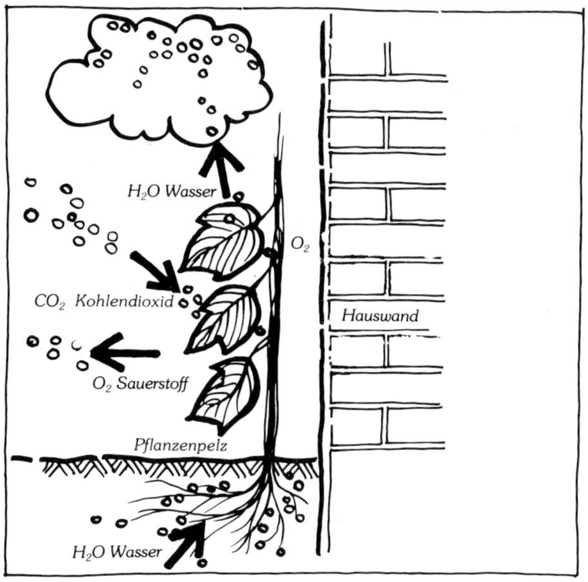

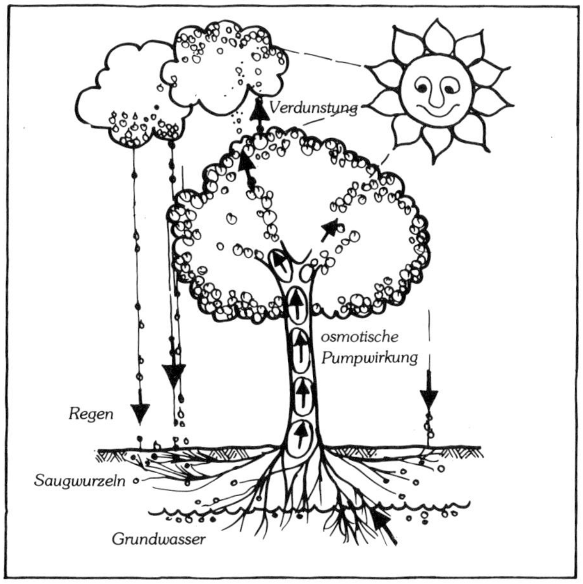

Hügelhaus in Austin, Texas. Wenn die Natur ungestört arbeiten kann, überzieht sie alles Nicht-Lebende zuerst mit Pionierpflanzen wie z.B. Moose und Flechten. Dann folgen – eingetragen durch Wind und Vögel – die »Sukzessionen« (Folgen) höherer Pflanzen. Auf den ersten Blick sieht dieses »Haus« aus, als wenn lustige Tierchen es im freien Vorbau vor sich hin phantasiert hätten, wie biologische Architektur. Nach all der langweiligen Schuhschachtelei beim Bauen sicher ein wenig erlösend. Diese Form ist zwar lustig und es ist keine Massenware, aber sie lebt nicht wirklich. Dennoch siedeln auch da, ohne Einladung, die ersten Moose und Flechten, bald wird die erste Blüte aufgehen und dann fassen auch schon wilde Gräser Fuß. Und all diese Lebewesen – miteinander – fangen ohne Arbeitsvertrag und Stundenlohn Humus, Kohlenstoff und Licht aus der Luft, 24 Stunden am Tag. Es wird nicht lange dauern, bis dieser Maulwurfshügel lustige Erdmännchen beherbergt, die auch Erdbeeren von ihrem Wohnhügel ernten.

Sauerstoff-Produktion

Bei Verwertung von Sonnenenergie, Kohlendioxid und Wasser produziert das Pflanzenblatt

1. Kohlenhydrate, also seine Struktur,
2. Sauerstoff,
3. Verdunstungswasser (osmotische Pumpwirkung).

Die chemische Formel hierfür lautet:
$6\ CO_2 + 12\ H_2O + 675\ cal = C_6H_{12}O_6 + 6\ O_2 + 6\ H_2O$

Ein Pflanzen-Vorhang am Haus – besonders in Binnenhöfen – produziert also u.a. einen vitalisierenden Sauerstoff-Schleier (Sauerstoff-Produktion hauptsächlich bei Tag in der Vegetationsperiode). Die Lunge kann mehr Sauerstoff aufnehmen, der Gesamtkreislauf, auch die Gehirn-Aktivität, wird vitaler.

In vielen Städten gibt es beträchtlichen Sauerstoffmangel, mit aller Wahrscheinlichkeit einer der *wichtigen* Gründe für hohe Krankheitsraten, Unlust, Stadtflucht ...

Kohlendioxid-Reduktion

Kohlendioxid-Abgase von Menschen, Tieren und Motoren sind Atmungs- und Aufbaustoff der Pflanze (schwefelhaltige Verbrennungsgase schaden vielen Pflanzen!).

Die chemische Formel hierfür lautet:
$6\ CO_2 + 12\ H_2O + 675\ cal = C_6H_{12}O_6 + 6\ O_2 + 6\ H_2O$

Was der Mensch ausatmet, braucht die Pflanze – was die Pflanze »ausatmet«, braucht der Mensch. Es ist also *im Prinzip* falsch, Landwirtschaft und Stadtwirtschaft zu trennen, weil damit ein Primärkreislauf gestört wird – mit vielen schädlichen Folgen.

Alle Verbrennungsvorgänge – auch langsame, wie Kompostierung – brauchen die Sauerstoff-Produktion der Pflanze.

Staub-Absorption

Staub wird in der Stadt vom Verkehr permanent aufgewirbelt und von Schadstoffen besetzt. Im Gegensatz zum Land ist in der Stadt bei minimierten Gebäude-Oberflächen nicht genügend Filterwirkung und »Deponie« vorhanden.

Bäume, Dachgärten und vertikale Grünsysteme vergrößern mit ihrem Blattwerk die Filterflächen um das Vielfache und sind so in der Lage, Luftstaub zu absorbieren, teilweise sogar als »Blattdüngung« zu verdauen. Stadtfrüchte und Stadtgemüse sind heute allerdings auch durch Schwermetalle gefährdet.

Absorptionsleistungen, gemessen bei Sommergrünen: bis 70% (nach Bernatzky und Hennebo, vgl. Wasser-Reinigung).

Schadstoff-Bindung

So wie die Pflanze sehr empfindlich gegen Schadstoffe (Schwefeldioxid, Nikotinsäuren ...) sein kann, so sind manche Pflanzen auch fähig, Schadstoffe in begrenztem Maß zu binden.

Das Potential vieler Fassadenpflanzen *dafür* ist weitgehend unerforscht. Außerdem spricht sehr viel für primäre Problemlösungen beim Schadensverursacher. Schadstoffe werden *ohne* Pflanzen schneller und in größeren Mengen ins Grundwasser gespült. Pflanzen binden z.T. Schadstoffe und geben sie mit Verzögerung oder umgearbeitet wieder ab. Von Luftstaub und Regenwasser transportierte Schadstoffe (Schwefel, Schwermetalle ...), die sich an Pflanzenteppichen anlagern und teilweise ins Grundwasser gespült werden, können zur Belastung/Versäuerung des Bodens führen und beträchtliche Folgeschäden verursachen, z.B. ganze Wälder stören. Der Nutzen von Grünfassaden zur Schadstoff-Bindung ist also fraglich. Schadstoffe sollten sollten erst gar nicht entstehen und, wenn sie entstehen, beim Verursacher beseitigt werden.

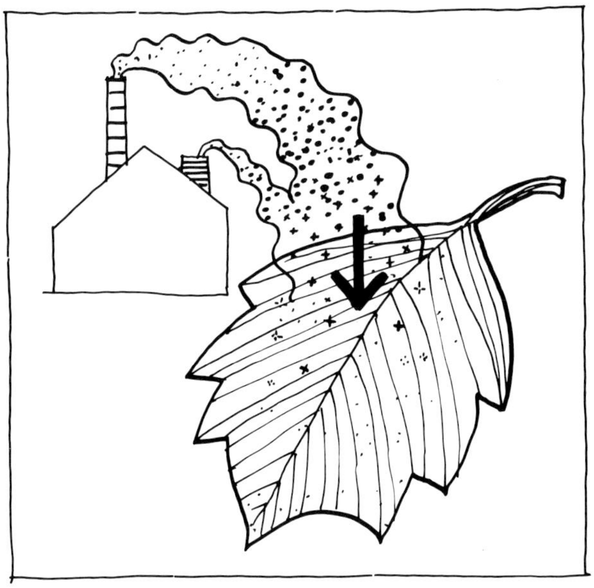

Viren-Tilgung

Stadtluft hat im Vergleich zu Landluft einen wesentlich größeren Luftstaub-Gehalt. Jedem Luftstaub-Korn sind *viele* Viren angelagert, die die Gesundheit belasten.

Lebendes Blattgrün tilgt wesentlich mehr Viren aus Staub-Ablagerung als übliche Baustoffe. Blattgrün wirkt also wie ein filterndes, *lebendes* Klimagerät, das ohne Fremdenergie und ohne schädliche Nebenwirkungen *solar* betrieben wird.

Biomasse

Sommergrüne *und* Immergrüne produzieren durch Blattwurf kompostierbare Biomasse. Die biologische Fehlwirkung der Stadt entsteht durch kontinuierliches Abkarren wertvoller Biomasse in *dann* schädliche Deponien, Verbrennungs-Anlagen ...

Biomasse u.a. aus Pflanzen sollte dezentral überall, wo sie entsteht, gepflegt, gehütet, vermehrt, kompostiert werden und vitalisiert *dann* die Stadt, ermöglicht wirtschaftlich Pflanzen am Haus, im Haus, auf dem Haus und als Haus (»Laube«) – also den Kreislauf zwischen Pflanzen, tierischen Mikro-Organismen und Mensch.

Heute sind auch bereits einfache Biogasanlagen in Entwicklung, die Biomasse von Fassaden und Gärten zu Kochgas verarbeiten und zudem noch wertvollen Dünger liefern.

Nistplätze

Wenn Biomasse (z.B. organischer Müll, menschliche Reststoffe = Rohstoffe, Blätter ...) aus der Stadt entfernt und verbrannt (= in der Luft deponiert) oder im Erdreich deponiert (= ins Grundwasser gebracht) werden, können auch nicht viele Nutzvögel in der Stadt leben.

Biomasse *muß* in der Stadt bleiben, und zwar dort, wo sie entsteht, und *dann* braucht man viele verschiedene Nutzvögel zur Insekten-Balance. Damit diese »Lebenspartner« nisten und Früchte finden können, sind vertikale Grünsysteme = Pflanzenpelze notwendig.

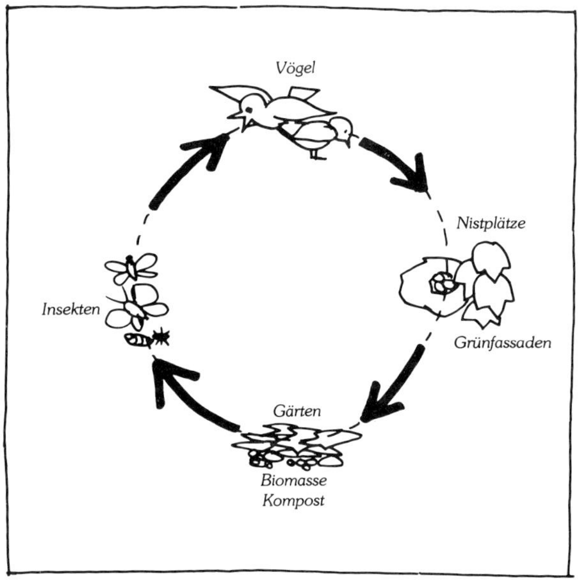

Duftstoffe

Das Geruchsorgan von Mensch und Tier leistet die primäre »Einstimmung« der anderen Sinne. In einer Monokultur von Menschen, in der Stadt aber, kann man andere »nicht mehr riechen«, die *Balance* aller sinnlicher Aktivitäten ist gestört.

Blütenduft bedeutet: Pflanzen *leben* und produzieren Sauerstoff, reduzieren Kohlendioxid ... tragen Früchte, von denen Tiere und Menschen leben.

Im Haus, *am* Haus, *um* das Haus, in der Stadt sind also natürliche Duftstoffe (nicht Parfüm!) das ganze Jahr hindurch von großer Bedeutung.

Man kann Grünfassaden so vielfältig anlegen, daß sie das *ganze* Jahr Duftstoffe liefern. Knöterich blüht als späte Bienenweide noch im November, Weiden blühen schon im Februar, Winterjasmin trägt im Winter duftende, gelbe Blüten.

Im homöopathischen Sinn ist die feinste Wirkung die tiefste. Pflanzendüfte sind demnach wichtige Wurzeln für menschliches Überleben. Auch Humus- und Faulgerüche sind wichtig. Der (faulige) Apfel im Schreibtisch war für Friedrich Schiller unentbehrlich.

Früchte

Süd-, Südost- und Südwestlagen eignen sich, je nach Klimalage, für früchtetragende Spaliere, Reben, Brombeere …

Es gibt bis zu 4geschossige Spaliere, die Obst- und Obstsaftversorgung für die Hausbewohner leisten. Spaliere können punktförmig (Dübel und Lasche) befestigt und später so gelenkt werden, daß horizontale und vertikale Triebe – ineinander wachsend – *selbst* lebende Rankträger werden.

In großstädtischer Lage ist bei Früchten die Genießbarkeit zu prüfen. Es ist möglich, daß Schwermetalle über Schadluft und Schadböden eingelagert werden.

Trotzdem sind *generell* blattwerfende Systeme an der Südseite sinnvoll, da sie niedrig einstrahlende Wintersonne ans Haus lassen und so das Haus selbst als Absorber wirken kann.

Ob Sommergrüne im Vergleich zu Immergrünen an der Südseite mehr Energie konservieren, hängt z.B. von ihrem Gewicht und der Farbe der Außenwand ab.

Blattgrün als Nahrung und Tee

Pflanzen liefern nicht nur Früchte, sondern auch verwertbares Blattgrün als Nahrung und Gewürz. Blätter zur Gewinnung von Tee liefern zum Beispiel Brombeere, Kletterhimbeere, Kletter-erdbeere, Hopfen und viele andere.

Biotektur-Institut in Wildberg. Das Gebäude hat ein äußeres Aluminium-Rankgerüst, über dem jedes Jahr wilder Hopfen die Sommer-Klimatisierung übernimmt (Wuchs bis 10 m/Jahr). Im Herbst werden die Früchte für Tee und Heilmittel geerntet, die Blätter kompostiert (dunkles Absorberdach zur Wärmespeicherung der Wintersonne!)

Spalier »Bonne Luise« in St. Gallen/Schweiz, gepflanzt 1911. Da haben also die Vorfahren mit diesem Birnenspalier tatsächlich schon an ihre Enkel gedacht. Statt Rankgerüste nahmen sie Stücke von alten Fahrrad-Mänteln und flochten die horizontalen und vertikalen Triebe an den Kreuzungen an einem Holzdübel fest. Resultat: Die »Bonne Luise« wuchs ineinander und baute sich so ihr eigenes Rankgerüst, ein lebendes also, das keine Pflege braucht. Und nun ernten die Nachfahren jedes Jahr zentnerweise die guten Birnen.

Bauernhaus in Savoyen. Dieser Immergrüne an der Westwand gewährt Wetterschutz, Klimaschutz und Pflanzenschutz zugleich, denn die Nistvögel säubern die umliegenden Gärten von Insekten, verspeisen jeden Tag davon so viele, wie sie selbst wiegen.

Psycho-Wirkung

Das menschliche und tierische Sensorium – die Überlebensorgane – haben sich allesamt in grüner Umwelt entwickelt.

Wenn der Mensch die kommunizierenden Röhren seiner 7 Sinne nicht benützt, friert er innerlich und äußerlich, ein Mehrbedarf an äußerer Zu-Wärme ist die Folge (in 20 Jahren von 18°→22°).

Immer mehr äußere Energie (= Heizung) degeneriert den Menschen, die Pflanze ist *der Motor* von »innerer Energie« und Bereitschaft zur Gesundheit.

Soll die Stadt nicht als »Großkloster« zu anhaltendem (Psycho-)Terror degenerieren, *muß* die Pflanze *im* Haus, *am* Haus, *auf* dem Haus und *als* Haus eine dominante Rolle spielen. Sie ist *der* Träger von anderem Leben, nicht nur Dekor.

Grüne Umwelt in Haus und Stadt bringt Heizkosten-Ersparnis in beträchtlicher Höhe.

Heilwirkung

Es steht außer Zweifel, daß lebendiges Blattgrün das Wohlbefinden von anderem Leben zu steigern vermag.

Diese Frage ist noch wenig erforscht und im wissenschaftlich-statistischen Sinn bislang wenig belegt.

Um die Vielzahl der auftretenden Variablen für den Nachweis der Heilwirkung zu reduzieren, müßten langfristige Mensch-Pflanzen-Versuche gemacht werden.

Gewächshaus-Bewohner in Tübingen. Dieter Schempp + Partner erproben mit subtropischen Pflanzen eine stabile Lebensgemeinschaft.

Dieses wundervolle Hainbuchenhaus über einem Brunnen in Stuttgart hat mich schon als Student immer wieder angelockt. Es ist eigentlich nur eine Sommerlaube, im Winter also kahl. Aber was für ein Generator für Lebensfreude, was für eine »Bioversität« im Sommer!

Pflanzenhäuser – Zukunft von Gestern

Biohäuser und Biodorf ● Stadtlaube und Ur-Laube ● Vertikale Schrebergärten

Biohäuser und Biodorf

Wie glücklich sind wir bei einem Gang durch Naturwald? Wieviel Freude empfinden wir noch beim Anblick eines grünen Hauses, aus dessen Pflanzenpelz Vogelstimmen singen? Wie traurig stimmt uns eine triste Fassade, aus deren Fenstern die Lieblosigkeit gähnt!

Heute, wo wir alles mit 6 Stellen hinter dem Komma genau zu wissen glauben, sind wir unsicherer denn je.

Wir sind auf den winzigen Punkt von Vernunft verschlagen. Der große weite Garten der Gefühle und Sinne ist verwüstet, verrufen ...

Fühlen wir doch, wie der Grünpelz eines Hauses sich in der Sonne wiegt, wie er atmet und lebt und arbeitet.

Hören wir seine lautlose Bio-Musik. Riechen wir seinen guten Humus!

Dann bleibt dieser Entwurf für eine Naturstadt nicht Utopie.

Dauert das nicht ewig? Sie werden sagen: »Gut, ich sehe ein, daß ein Pflanzenpelz mein Haus nicht auffrißt, sondern sogar vor Nässe schützt, besonders, wenn er richtig schön auf Spalier gezogen ist. Aber das dauert ja ewig!«

Dazu könnte man antworten: »Das Häuschen, in dem Sie jetzt wohnen, wurde ja auch mit Schalbrettern betoniert, auf die man hundert Jahre warten mußte, und das Öl, das Sie verheizen, entstand vor Jahrmillionen aus Meeresplankton.

Einen hübschen, blühenden Pflanzen-Overall kann man zum Beispiel auch mit immergrüner Brombeere ziehen, und das geht recht schnell und trägt sogar Früchte.

Und wenn Sie Wert auf Vielfalt legen, dann schmuggeln Sie im Schatten noch ein paar Efeus ein oder an der Hausecke eine Waldrebe und über dem Hauseingang ein großes Schlappohr von Trompetenwinde. Die Nachbarn werden Sie beneiden, auch um die schöne Pflegearbeit an an Ihrer Ur-Laube.«

Entwurf für ein Biodorf aus Selbstbauhäusern mit eigener Nahrungserzeugung und eigener Nahrungslagerung.

Haus aus Naturbaustoffen vor der Begrünung (Rheinland).

Vertikaler Dorfplatz. Selbstversorgerhaus aus Lehm und Holz mit eigener Entsorgung (Entwicklung: Rudolf Doernach + Partner).

Biodorf (Entwurf) in einer Großstadt von Kindern für Kinder. Sie lassen an einem Dreibein-Rankgerüst eine früchtetragende Wohnlaube wachsen, die nach einiger Entwicklungszeit auch winterfeste »Zimmer« bekommt und sich durch Kompostierung selbst entsorgt (Ausführungsträger: Biologielehrer einer Schule, Betreuung: Rudolf Doernach + Partner).

Die Bundesrepublik: Eine Waldmenschen-Kultur? In dieser krisengeschüttelten Republik gibt es heute schon 35% Wald und angeblich kommt aus der Sozialbrache jedes Jahr noch mehr dazu.

Wenn wir immer mehr Maschinen exportieren, müssen wir auch immer mehr Nahrung importieren. Dann könnte irgendwann einmal die Bundesrepublik ganz bewaldet sein, der Traum aller Kinder würde Wirklichkeit. (Fragt man Kinder, ob sie lieber in die Schule oder in den Wald wollen, ist die sichere Antwort: »Wald«.) Also kann sich hierzulande Naturstadt ausbreiten: Jedes Selbstversorgerhaus ein Bio-Baum?

Erzählen Sie das Ihren Kindern als chancenreiche Zukunft und Sie werden ein geliebter Papa – sofern es in »Biopolis« auch Discos gibt. Verweigern Sie Ihren Kindern diese Zukunft, dann können Sie mit Ärger rechnen.

Stadtlaube und Ur-Laube

Ur-Laube in der Stadt. Was soll denn das sein? Eine grüne Stadthalle, eine Pflanzenkirche, ein Jugendhaus, ein Pop-Center, ein Bio-Theater oder alles in einem? Das ist nichts anderes als eine große, früchtetragende Laube mitten in der Stadt, eine Ur-Laube, die Lebensfreude produziert, Kultur also, und das beinahe kostenlos.

Weiß Gott, daß man da nicht schon früher drauf kam! Aber da waren die Stadtsäckel noch zu voll, da konnte man sich zu etwas so Wertvollem nicht durchringen.

In diesem grünen »Liebling« findet sonntagmorgens die Messe, Trachtengesang, mittags Pop und abends Bio-Aktion statt: wer da ist, der sieht-hört-riecht-fühlt-lebt.

Theodor Schütz (1830–1900), Mittagsgebet bei der Ernte, 1861 (Staatsgalerie Stuttgart) ... überall, wo Pflanzen, Tiere und Menschen im Kreislauf der Natur arbeiten, ist Bioversität – seit eh und je. Was für eine »Bioversität« für Kinder! Wenn ein Apfel fällt, lernen sie ohne Papier wie die Schwerkraft funktioniert und erleben jede Sekunde – mit eigenen Sinnen – wie Sonne, Wind, Regen und Baum miteinander spielen. Zunehmend werden junge und ältere von der Natur weggepfercht, immer mehr zerbrochenes Papierwissen wird verfüttert, sogar der Schulgarten ist wegrationalisiert. Aber eine Wende zeigt sich an. Lassen wir unseren Kindern wieder Efeuhäuser, Brombeerhäuser und Baumhäuser wachsen, als Vorspiele für zukünftige Naturstädte, die Früchte tragen, wenn einmal die Regale der Supermärkte leer sein werden.

Dieser liebenswürdige Zeitgenosse kaufte einfach 10 Laufmeter Rollrasen wie einen Teppich, konstruierte sein Rasenauto und fuhr damit zur nächsten Verkehrsausstellung. Vor seinen grünen Liebling plazierte er ein Schild mit der Aufschrift »Verkehr ist verkehrt«. Er wollte damit sagen, daß man nicht mehr Sauerstoff verbrauchen kann, als in den Straßenschluchten der Stadt produziert wird. Mit dem Sauerstoff, den die Oberfläche dieses Rasenautos produziert, kann man im Jahr vielleicht 10 km fahren! (Foto: Ulrich Czernek)

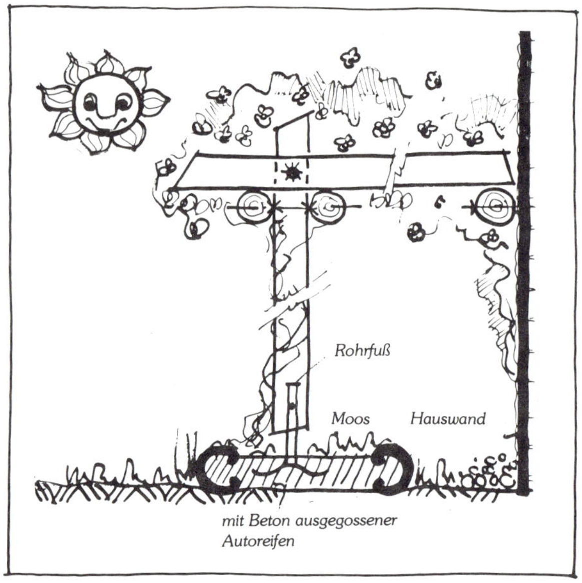

Laube am Haus: Rundholz vom Sägewerk, geschält, Durchmesser 6, 8 oder 10 cm je nach Spannweite. Ohne Blattung punktförmig mit Dübeln verbinden.

Große »Stadtlaube« – ein Raumfachwerk aus vielen verschiedenen Pflanzen (Polykultur) auf dem Marktplatz einer deutschen Stadt (Entwicklung: Rudolf Doernach + Partner).

Lebende »Dachbäume« in der Nähe eines Bahnhofs.

1. Die Entwurfsidee. *Ein Naturhaus als produktive Biokunst,* das sich selbst *und andere entsorgt und versorgt, z.B. ohne Umweltbelastung heizt, Naturkreisläufe zwischen Sonne, Wind, Wasser, Pflanze und Technik sichtbar, hörbar, fühlbar ... macht, Regenwasser und Dachwasser* biologisch *reinigt und als Brauchwasser (nicht Trinkwasser) wiederverwendbar macht. Dazu benötigte Energie wird aus Wind und Sonne gewonnen: Ein steigfähiger Energieballon trägt Solarzellen und Windgenerator, erzeugt Elektrizität für Pumpen und Wärmepumpen. Also: Aus Reststoffen werden Rohstoffe und wertvolle Biomasse gewonnen. Mit energieschonenden Baustoffen (Holz, Strohlehm, Blähton, Grasziegel) wird biologisches, umweltschonendes Bauen demonstriert. Mitten in der Schilfkaskade wächst eine Ur-Laube, ein Bio-Kon-*

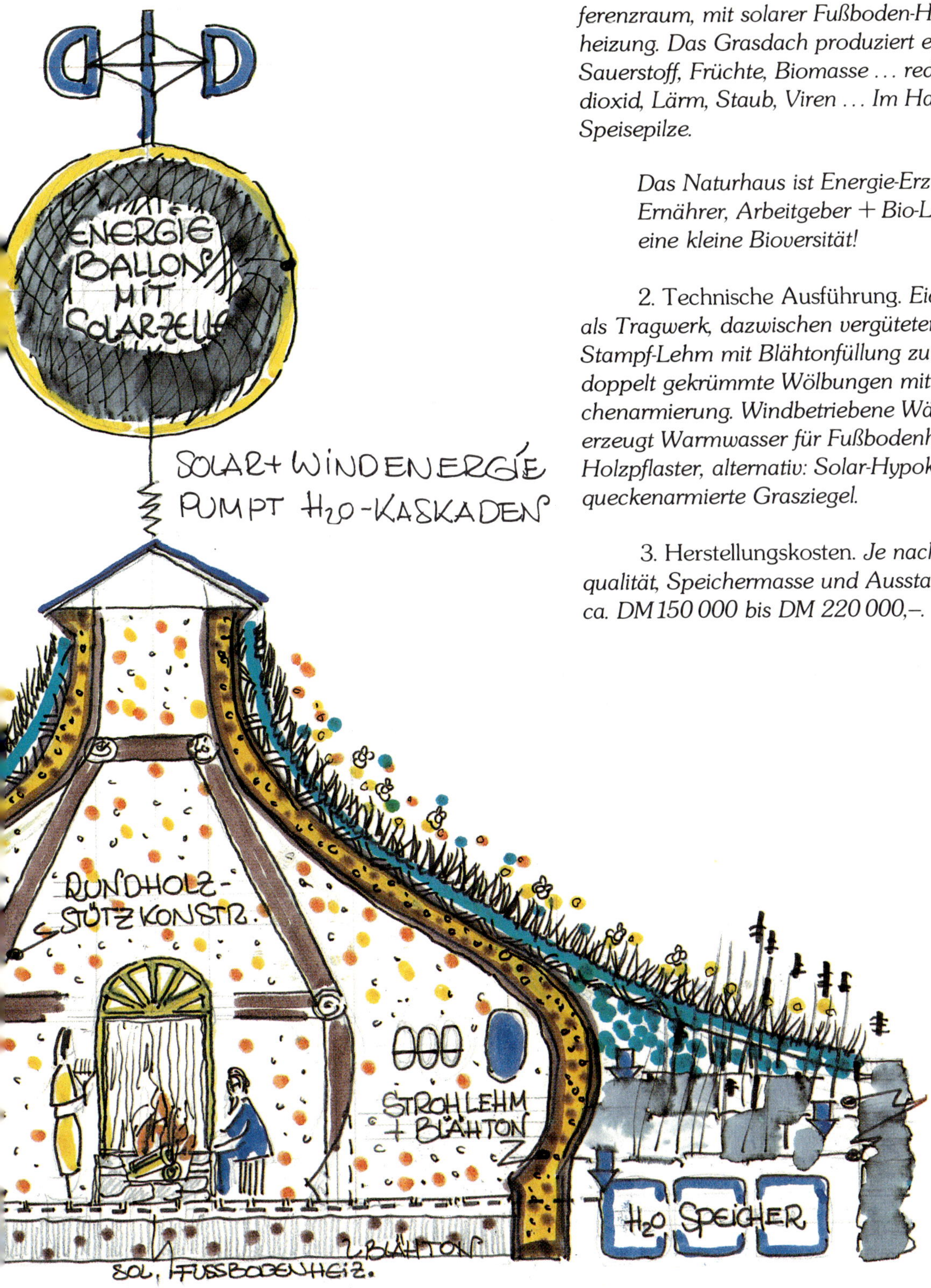

ferenzraum, mit solarer Fußboden-Hypokaustenheizung. Das Grasdach produziert ebenfalls Sauerstoff, Früchte, Biomasse … reduziert Kohlendioxid, Lärm, Staub, Viren … Im Haus wachsen Speisepilze.

Das Naturhaus ist Energie-Erzeuger, Ernährer, Arbeitgeber + Bio-Lehrer: eine kleine Bioversität!

2. Technische Ausführung. *Eichen-Rundholz als Tragwerk, dazwischen vergüteter Stroh-Stampf-Lehm mit Blähtonfüllung zur Isolierung, doppelt gekrümmte Wölbungen mit Rundstäbchenarmierung. Windbetriebene Wärmepumpe erzeugt Warmwasser für Fußbodenheizung unter Holzpflaster, alternativ: Solar-Hypokaust. Dach: queckenarmierte Grasziegel.*

3. Herstellungskosten. *Je nach Herstellungsqualität, Speichermasse und Ausstattung ca. DM 150 000 bis DM 220 000,–.*

Blätterdach, Früchteparadies ... Von den Schweinen, Kühen und den Pferden weiß man, daß sie das Klima ihrer Urheimat brauchen, sollen sie nicht krank werden. Das Schwein braucht mildes Waldklima, die Kuh den kühlen Waldrand und das Pferd die rauhe Steppe.

Und der Mensch? Er ist den Schweinen sehr verwandt, sein Eiweißgehalt ist beinahe der gleiche wie der seiner vierbeinigen Haustiere. Der Wald, die Waldlichtung, vielleicht der Waldrand, das ist die Ur-Laube des Menschen, danach geht all sein Streben, falls er es nicht schon vorm Fernseher verwüstet hat.

Im Wald, unterm Blätterdach und schön windgeschützt, aber bei *schwankenden* Lufttemperaturen, Humusgeruch und ständiger Sauerstoffdusche ... da lebt es sich gut, das ist die Gesundheitskasse der Firma Natur.

Luzern, Reblaube auf der Südwestseite eines Dorfhauses im Schweizer »Entlibuch«, wo man, wie in Savoyen und der Dordogne, besonders viele schöne Beispiele von Biotektur antrifft.

Historischer Laubengang in Schwetzingen. Mit geringem Aufwand könnte man einen Teil der Fuß- und Radwege einer Stadt mit solchen Naturhäusern schützen.

Vertikale Schrebergärten

Zur Biosophie des Selbstgemachten. Nur was man *selbst* gemacht hat oder mitgemacht hat, liebt man, pflegt man und ist stolz darauf.

Außerdem: Es kostet dann vielleicht weniger als Fremdgemachtes. Es ist vielleicht produktiver als das Fremdgemachte, man kann es auch *selbst* verändern. Es weckt »*innere* Energie«, begrenzt die Inflation von äußerer Energie und es hält vielleicht nur so lange, daß die nächste Generation auch wieder ihren Bautrieb ausleben kann.